＜特別支援教育＞
学びと育ちのサポートワーク 8

ソーシャルスキル

「イメージ力」アップ編

加藤博之 著

明治図書

は じ め に

　発達に遅れや偏りのある子どもが，スムーズに学習に取り組むためには，身につけておくべき基礎（土台）があります。土台があって初めて，いろいろな学習に乗ることができるのです。

　私は発達促進に必要な力を，以下の8つの柱としてまとめてみました。

　①身体を意識する力，②目と身体を使う力，③耳と身体を使う力，④記憶する力
　⑤模倣する力，⑥イメージする力，⑦概念形成の力，⑧協調性・社会性の力

　　　　　　　（『発達の遅れと育ちサポートプログラム』加藤博之著，2009年，明治図書）

　これらは，①からほぼ順に進んでいくという流れはあるものの，実際には同時進行的に育てていくものが多く，それぞれが絡み合って①から⑧へと進んでいきます。特に，就学を考えた場合，②の視覚―運動系の力，手指の操作性を中心に，記憶，模倣，イメージ，そして概念形成へと高次化させていく必要があるでしょう。これらの活動によって身についた力が，教科学習（国語，算数）やコミュニケーション，社会性の発達へと結びついていくわけです。

　就学後においては，いわゆる小学校1〜2年生レベルの課題を表面的に繰り返すだけでは不十分です。それでは，本来時間をかけて学ぶべき「鍵」となる学習内容を，一通りの経験で済ませ，結局何も身につかずに通り過ぎてしまうということになりかねません。だからこそ，私は一般的なカリキュラムにプラスして，重点的に行うべき項目を，できる限り早期に行うことを提案したいのです。

　本シリーズでは，発達に遅れやつまずきのある子どもたちを対象に，国語・算数・ソーシャルスキルのワークを通じて，学力や社会性を育てていくことを目標としています。一見して，よくある課題も見られますが，本書ではそれらをただ順番に行っていくのではなく，発達的な視点に基づいて，まず最初に何をやるべきか，その後つまずいたときにどこに戻るべきか，という内容を積極的に提案させていただいています。量をこなすよりも，限られた課題をうまく組み合わせ，発達的につなげていくことこそが，子どもを育てる大きな力となるわけです。

　最後に，本シリーズの執筆にあたり，発達支援教室ビリーブの発足当初からワークの作成を共にし，常に貴重なアドバイスをしていただいているパートナーの藤江美香さん（ビリーブ副代表），スタッフの茂木秀昭さんに，心よりお礼申し上げます。

　　　　　　　　　　　　　　　　　　　　　　　　　　　著者　加藤　博之

◆ 本書の構成と使い方

本書は，書く力や考える力を高めていくための課題をワーク形式でまとめたものです。
　本ワークは学校で拡大コピー（A4）してお使いください。特別な支援を必要とする子どもへの指導計画の作成や指導上の支援に生かしていただけるよう，解説ページを設けています。

ワーク
タイトル
ワークの内容を示したタイトルが記してあります。

なまえ
枠内にバランスよく名前を書くことは，本ワークを行う子どもにとってとても大切な課題となります。

終わったらおたのしみ
プリントが終わったら，シールを貼ったり，色を塗ったりできる，おたのしみ欄を設けました。

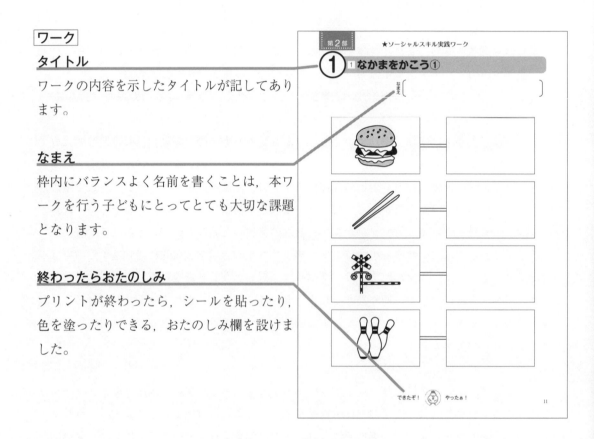

解答&解説

育つ力
この項目のワークで身につく力を示しています（学習面，発達面）。

使い方
ワークの進め方，指導のポイントをまとめています。

こんな子どもへの手立て
ワークを進める上で，つまずきを示す子どもへの手立てを具体的に示しています。

関連した活動
このワークをさらに深めるために，関連した学習や遊びを提案しています。

採点のポイント
具体的にどのように採点（評価）すればよいかを具体例で示しています。

解答（解答例）
問題によっては，解答が1つでないケースもあります。例として参考にしてください。

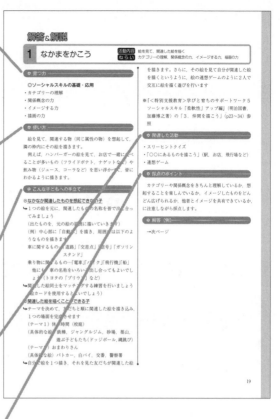

もくじ

❖ はじめに　3
本書の構成と使い方　4

第1部　本書を活用するにあたって　9

第2部　ソーシャルスキル実践ワーク　11

1 なかまをかこう　11　①〜⑧のワーク

解答&解説　19

2 こんなときどうする　22　⑨〜⑱のワーク

解答&解説　32

3 ヒントを考えよう　36　⑲〜㉙のワーク

解答&解説　47

4 ストーリーを考えよう　51　㉚〜㊲のワーク

解答&解説　59

5 インタビューをしよう　62　㊳〜㊺のワーク

解答&解説　70

6 会話を成立させよう　73　㊻〜㊽のワーク

||| 解答&解説 |||　83

7 この絵は何かな　87　㊾〜㊿のワーク

||| 解答&解説 |||　99

8 どうしてそんな顔　103　㊿〜㊿のワーク

||| 解答&解説 |||　113

9 こんなことできたらいいな　117　㊿〜㊿のワーク

||| 解答&解説 |||　125

★ 本書を活用するにあたって

　最近，ソーシャルスキルの重要性が多くの場面で叫ばれ，教育機関や家庭などで様々な実践がなされています。ソーシャルスキル，すなわち「他者との関係や相互作用を巧みに行うために，練習して身につけた技能」（相川，2000※）は，身辺自立や身辺ケアなどの基本的生活習慣，簡単なコミュニケーション力，公共に関する知識など，練習によって身につきやすいものが数多く見られます。身につけた成功体験は，子どもたちが学校生活や社会生活をスムーズに送る上できっと役立つものとなることでしょう。

　「こんなときはこう振る舞えばよい」というスキルが，いつでもうまく使えればよいのですが，実際には「こんなとき」を予想することが難しく，想定とずれた現実が目の前に現れることも多々あるでしょう。そうなれば，子どもは大なり小なり場面に合わない振る舞いをしてしまい，結果的に嫌な思いをしてしまいます。それこそが，ソーシャルスキルを身につける上での大きな課題となっているのです。

　そもそも，相手の気持ちを読み取ることが苦手な子どもにとって，他者視点にのっとった行動を取ることは至難の業と言えるのかもしれません。そして，日頃から見られる「うまくいかない事態」を減らすためには，スキルとして身につけた力の精度を日々高めていかなければなりません。具体的には，家庭や学校などの馴染みの場面で実践し，うまくいったり，いかなかったりする中で，使い方の修正をしていくという方法が考えられます。「全く同じ場面」ではなく，「似た場面」を数多く経験することで，子どもたちは少しずつ臨機応変に対応することができるようになるでしょう。

　問題は，自分が全く予期せぬ事態が生じたときに，どう対応するかということです。相手の気持ちを読み取る力がなければ，場面を理解することはできません。この「相手の気持ちを読み取る」ことは，発達障がいのある子どもにとって苦手中の苦手なことであり，本人も周囲も少しでも解消することを目指していく必要があるでしょう。苦手だからといって，全く手をつけないわけにはいかず，たとえ時間はかかっても，何らかの手立てがあるのでは，と考え続けることが教育場面ではとても大切になってきます。

　一つの解決方法として，例えば自分が出合った「わかりにくい場面」を他者にことばで説明してもらう，ということが考えられます。

　「なぜ，あの人は急にあんなに口調が強くなったのか」「そうか。自分のあの発言，あの振る舞いが原因しているのか」等々。

　1回や2回ではわかりにくくても，何度か似た場面を経験すれば，少しずつ予測することも可能になってくるでしょう。一見，唐突に見える相手の振る舞いも，実はやりとりの中で生じている，ということを理解するようになるのです。

　本書では，この対人関係のぎくしゃくした部分をほんの少しずつでも解消するために，特に

「相手への興味を高めていく」ことを提案したいと思います。相手の気持ちを少しずつでもわかるためには，日頃から相手をよく観察し，相手のことを知ろうとする気持ちが大切です。何か起きたときに必死になって対応するのではなく，何も起きていないときに，相手と穏やかなやりとりを行い，相手を知っていく……。

そのための手立てとして，例えば本書の「7．この絵は何かな」というワークで説明してみましょう。ここでは，ただ問題を解くのではなく，自分自身が考えたもの（ここでは，自分で描いた略画のような絵）を相手に提案する，という形を取っています。本来なら，「イメージする力」（対人関係を柔軟にすることに関係）を育てるためには，略画を見て「これは○○」と答えればよいはずですが，もう一歩進んで，自分自身で略画を作成し，相手にわかりにくい絵を提案していくのです。最初は「わかりにくい絵を描く」ことに苦戦することが予想されます。しかし，相手を意識しながら絵を描くという経験は，ただ好き勝手に絵を描くこととは違い，他者視点の育ちに大きく関係していくわけです。筆者の教室（発達支援教室ビリーブ）でも，子どもたちは大人や友だちと「どうすればわかりにくい絵を描けるか」，あれこれ考えていくうちに，徐々に絵が変わってきています。確実に「わかりにくい」絵になっているのです。

そして，この少しずつわかってくるという時間をかけたプロセスこそが，子どもにとってとても大きな力になってきます。発達障がいの子どもたちは，ややもすると物事をゼロか百，白か黒というように両極端に判断しがちです。そうではなく，「性急に証明や理由を求めずに，不確実さや不思議さ，懐疑の中にいることができる能力」，すなわち「答えの出ない事態に耐える力（ネガティブ・ケイパビリティ）」（帚木，2017[※]）を身につけることこそが，彼らにとってもっとも大切な課題の一つであると考えていきたいのです。

本書は，ソーシャルスキル編（5巻）の続編となっています。まずは5巻に取り組み，ワークを通じて他者といろいろなやりとりを行った上で本書に取り組むことをお勧めします。

最後にワークをスムーズに行うための配慮事項を紹介させていただきます。

◎ソーシャルスキルワークを行う際に配慮すること

・最初のうちはあまり多く取り組ませず，やや少なめに提供していく
・必ずしも最初から順番通りに行う必要はない
・ワークで行った内容と似た場面を，日常生活の中に設定していく
・子どもの考えとは別の視点の解答を，毎回提供していく
・一度行った課題でも，時期をずらして，繰り返し提供していく
・間違いを残しておくことを大切にする（国語学習にもつなげていく）
・どのような小さな頑張りに対しても，積極的にほめていく

※相川充（2000）『人づきあいの技術―社会的スキルの心理学―』サイエンス社．

※帚木蓬生（2017）『ネガティブ・ケイパビリティ　答えの出ない事態に耐える力』朝日新聞出版．

第2部　★ソーシャルスキル実践ワーク

1　1 なかまをかこう①

なまえ[　　　　　　　　　　　　　　　　]

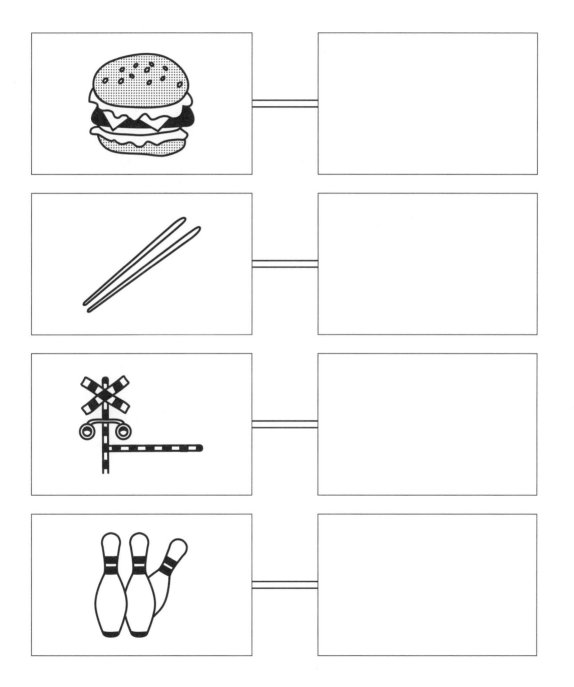

できたぞ！　　やったぁ！

① **なかまをかこう②**

なまえ[　　　　　　　　　　　　]

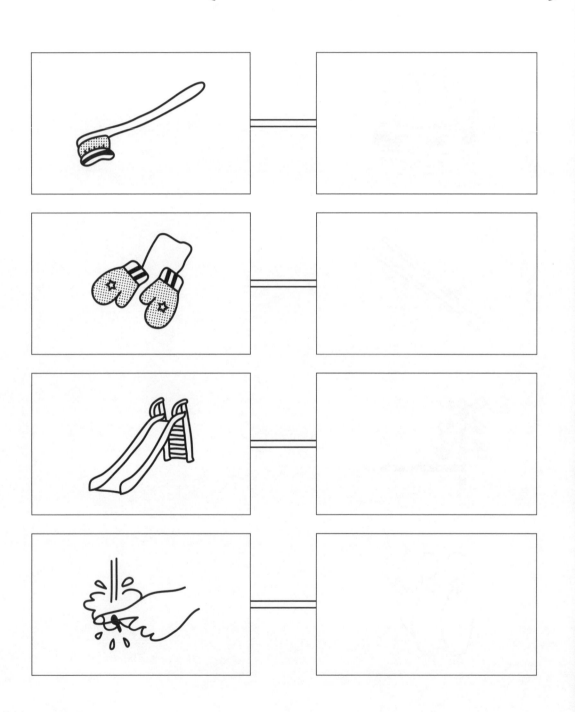

できたぞ！ やったぁ！

③ ① なかまをかこう③

なまえ [　　　　　　　　　　　　　]

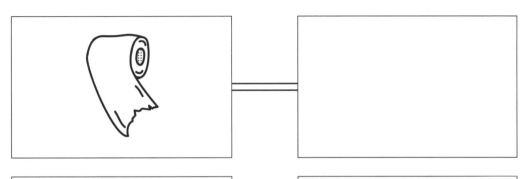

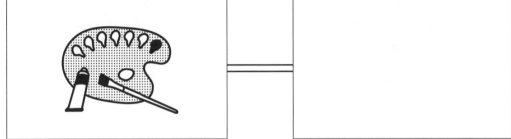

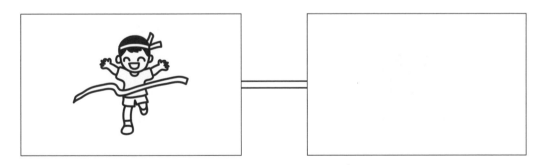

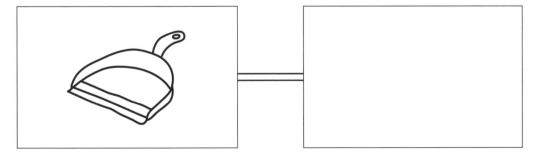

できたぞ！ やったぁ！

なかまをかこう④

なまえ [　　　　　　　　　　　]

できたぞ！ やったぁ！

1 なかまをかこう⑤

なまえ [　　　　　　　　　　]

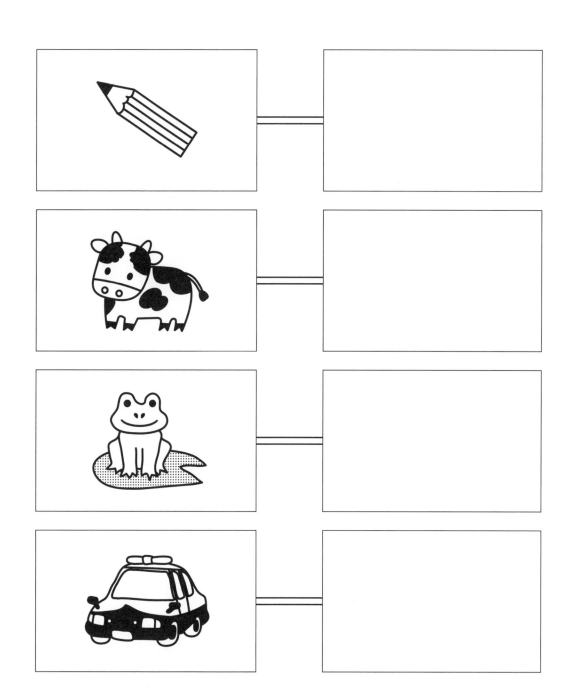

できたぞ！ やったぁ！

1 なかまをかこう⑥

なまえ [　　　　　　　　　　　　]

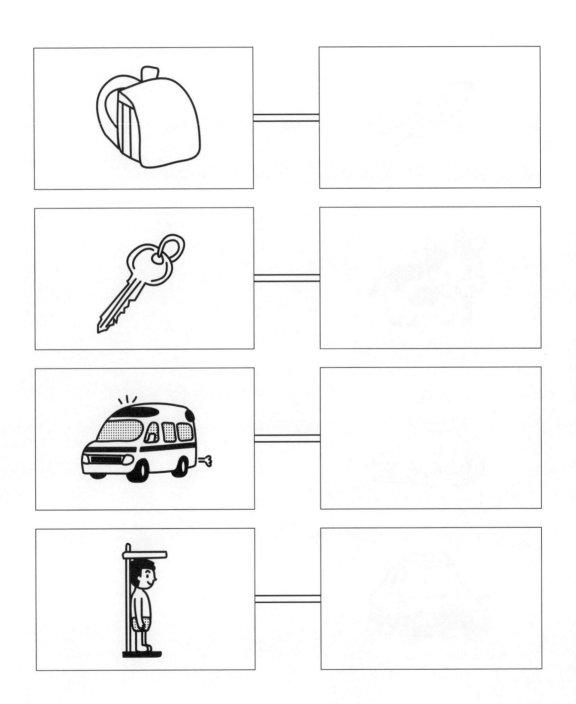

できたぞ！ やったぁ！

なかまをかこう⑦

なまえ

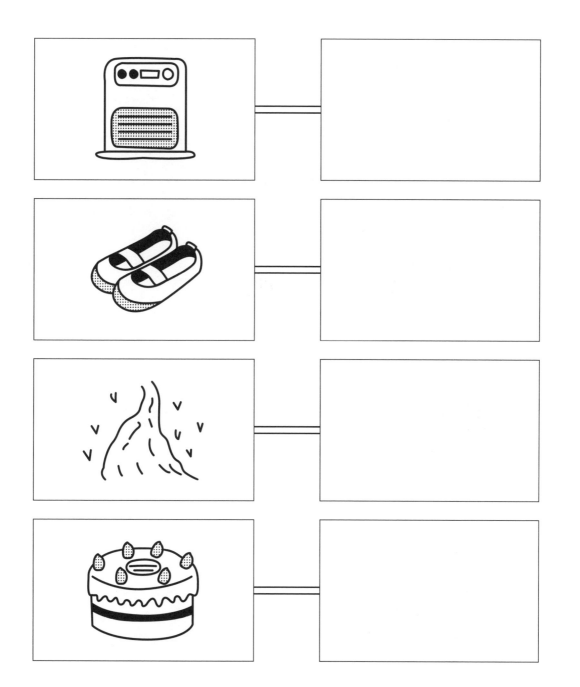

できたぞ！　やったぁ！

1 **なかまをかこう⑧**

なまえ[　　　　　　　　　]

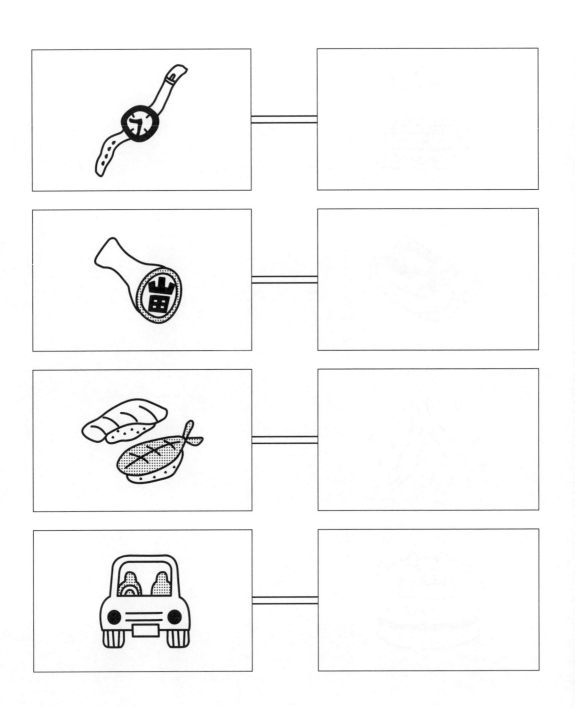

できたぞ！ やったぁ！

解答&解説

1 なかまをかこう

活動内容 絵を見て，関連した絵を描く
ねらい カテゴリーの理解，関係概念の力，イメージする力，描画の力

❋ 育つ力

◎ソーシャルスキルの基礎・応用

・カテゴリーの理解
・関係概念の力
・イメージする力
・描画の力

❋ 使い方

　絵を見て，関連する物（同じ属性の物）を想起して，隣の枠内にその絵を描きます。

　例えば，ハンバーガーの絵を見て，お店で一緒に食べることが多いもの（フライドポテト，ナゲットなど）や飲み物（ジュース，コーラなど）を思い浮かべて，皆にわかるように描きます。

❋ こんな子どもへの手立て

⊗**なかなか関連したものを想起できない子**

↳1つの絵を元に，関連したものの名称を皆で出し合ってみましょう

（出たものを，元の絵の周囲に描いていきます）

（例）中心部に「自動車」を描き，周囲には以下のようなものを描きます

車に関するもの…「道路」「交差点」「信号」「ガソリン
　　　　　　　　スタンド」

乗り物に関するもの…「電車」「バイク」「飛行機」「船」

　他にも，車の名称をいろいろ出し合ってもよいでしょう（トヨタの「プリウス」など）

↳関連した絵同士をマッチングする練習を行いましょう

（絵カードを使用するとよいでしょう）

☺**関連した絵を描くことができる子**

↳テーマを決めて，友だちと順に関連した絵を描き込み，1つの場面を完成させます

（テーマ1）休み時間（校庭）

（具体的な絵）鉄棒，ジャングルジム，砂場，築山，
　　　　　　　遊ぶ子どもたち(ドッジボール，縄跳び)

（テーマ2）おまわりさん

（具体的な絵）パトカー，白バイ，交番，警察署

↳自分で絵を1つ描き，それを見た友だちが関連した絵

を描きます。さらに，その絵を見て自分が関連した絵を描くというように，絵の連想ゲームのように2人で交互に絵を描く遊びを行います

※『＜特別支援教育＞学びと育ちのサポートワーク5　ソーシャルスキル「柔軟性」アップ編』（明治図書，加藤博之著）の「3．仲間を描こう」（p23〜34）参照

❋ 関連した活動

・スリーヒントクイズ
・「○○にあるものを描こう」（駅，お店，飛行場など）
・連想ゲーム

❋ 採点のポイント

　カテゴリーや関係概念をきちんと理解しているか，想起することを楽しんでいるか，イメージしたものをどんどん広げられるか，他者とイメージを共有できているか，に注意しながら採点します。

❋ 解答（例）

　→次ページ

19

① なかまをかこう①

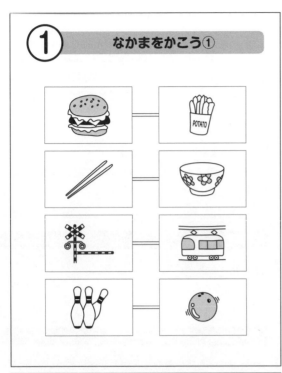

② なかまをかこう②

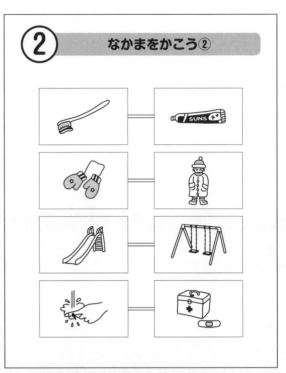

③ なかまをかこう③

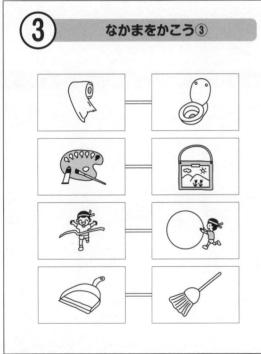

④ なかまをかこう④

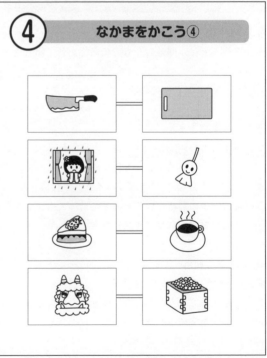

ポイント
子どもが迷っているときには,「〜はどうかな」などと案を複数出して,その中から自分が描きやすいものを選択させます(別紙に描かせて,気に入ったものを選択させてもよいでしょう)。

⑤ なかまをかこう⑤

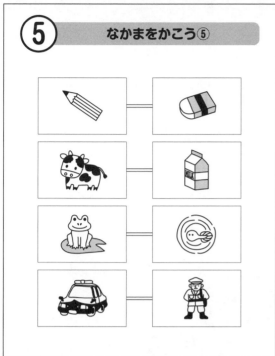

⑥ なかまをかこう⑥

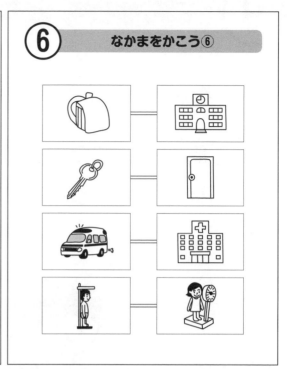

⑦ なかまをかこう⑦

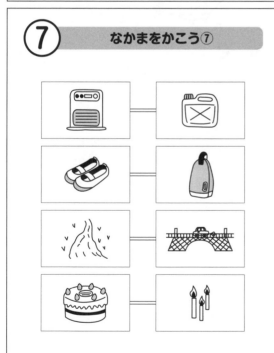

⑧ なかまをかこう⑧

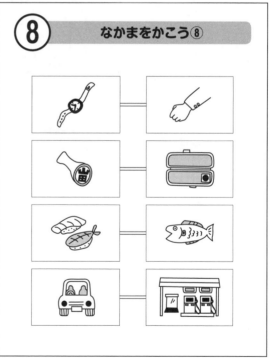

ポイント

自分で絵を描くことが苦手な場合には，本や写真などを見て模写させるとよいでしょう（最初は大きめに写させ，だんだんと小さく描く練習をしましょう）。

⑨ ② こんなとき どうする？①

なまえ〔　　　　　　　　　　　　　　　〕

◎休み時間に　校庭に遊びに行こうとしたら　友だちに図書室に行こうと　さそわれた。どうしよう？

⑩ ②こんなとき どうする？②

なまえ[　　　　　　　　　　　]

◎トランプで ババぬきをしているとき と中まで1番だった子が 最後に負けて泣いてしまった。どうしよう？

できたぞ！　　やったぁ！

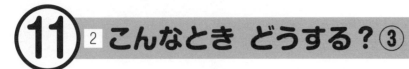

なまえ [　　　　　　　　　　　]

◎コンビニに行って おかしを 買おうとしたら
お金が 足りなかった。 どうしよう？

⑫ ② こんなとき どうする？④

なまえ[　　　　　　　　　　　　]

◎全校朝会で　校長先生の話を　聞いているとき
　後ろの子が　くすぐってきた。　どうしよう？

できたぞ！　　やったぁ！

⑬ ② こんなとき どうする？⑤

なまえ [　　　　　　　　　　　]

◎じゅぎょう中　考えごとをしていたら　先生に
あてられてしまった。どうしよう？

⑭ ② こんなとき どうする？⑥

なまえ [　　　　　　　　　　　　　]

◎用事で 帰りをいそいでいたときに 友だちに会い「あそぼうよ」とさそわれた。 どうしよう？

できたぞ！　やったぁ！

15 ② こんなとき どうする？⑦

なまえ [　　　　　　　　　　　]

◎風が強い日に となりの家のせんたく物が 道に落ちていた。となりの家は るすのようだ。どうしよう？

⑯ ② こんなとき どうする？⑧

なまえ [　　　　　　　　　　　]

◎犬のさんぽ中に　前から来た　おじさんに
　犬が　はげしく　ほえはじめた。　どうしよう？

できたぞ！　やったぁ！

⑰ ② こんなとき どうする？⑨

なまえ[　　　　　　　　　　]

◎じゅぎょう中　ねむくなってきた。終わるまでまだ20分もある。　どうしよう？

⑱ ② こんなとき どうする？⑩

なまえ[　　　　　　　　　　]

◎問題を考えているときに　となりの子が　「教えてあげようか」と声をかけてきた。　どうしよう？

できたぞ！　　やったぁ！

解答&解説

2 こんなときどうする

活動内容 絵を見て，文章で状況を説明する
ねらい 状況の理解，登場人物同士の関係性・気持ちの理解，イメージする力，他者視点，国語力（作文力）

❋ 育つ力

◎ソーシャルスキルの基礎・応用

・状況の理解
・登場人物同士の関係性の理解
・登場人物の気持ちの理解
・イメージする力
・他者視点
・国語力（作文力）

❋ 使い方

　問題文を読み，絵を見て，登場人物の心情を察しながら，生じている問題の解決策を文章で説明します。

　なぜそのような状況になったのか，どうすれば皆が納得し，よい形でその場が収まるのか，という視点を大切にしましょう。

❋ こんな子どもへの手立て

⊗状況を理解することが難しい子

↪指導者が，場面や状況を説明し，登場人物がなぜそのような気持ちになったのかを話し合います（その際，困っている人がどうしてほしいのか，を中心に話し合いましょう）

↪それでも理解が難しいときは，指導者同士がその場面を演じて見せましょう（表情やことばを工夫して，登場人物の気持ちをわかりやすく表現します）

⊗文章で表現することが難しい子

↪いろいろな形で作文の力を身につけさせます（指導者が例文を作り，穴埋め部分に適切なことばを入れさせます）

　（例）「ごめんね。（　　　）で遊ぶ約束をしちゃったんだよ。今度またいっしょに（　　　）に行こうね」と伝えるなど

☺上手に説明文を作成できるようになった子

↪登場人物の絵にそれぞれ吹き出しを付けて，セリフを記述させましょう（何通りも作成させ，作ったものを皆で発表し合うとよいでしょう）

↪自分で，いろいろな場面の絵を描き，吹き出しを付けて漫画にするとよいでしょう

※『＜特別支援教育＞学びと育ちのサポートワーク5 ソーシャルスキル「柔軟性」アップ編』明治図書，加藤博之著）の「11．こんなときどうする」（p105〜120）参照

❋ 関連した活動

・作文（「今日楽しかったこと」「嫌な気持ちになったこと」「友だちとうまくいったこと」など心情的なもの）
・絵日記，日記
・4コマ漫画

❋ 採点のポイント

　登場人物一人ひとりの気持ちをよく理解しているか，わかりやすく文章表現ができているか，1つの絵からいろいろな状況を考えることができるか，に注意しながら採点します。

❋ 解答（例）

→次ページ

⑨　こんなとき　どうする？①

◎休み時間に　校庭に遊びに行こうとしたら　友だちに図書室に行こうと　さそわれた。どうしよう？

「ごめんね。外で遊ぶ約束をしちゃったんだよ。また今度いっしょに図書室に行こうね」と相手に言う。

⑩　こんなとき　どうする？②

◎トランプで　ババぬきをしているとき　と中まで1番だった子が　最後に負けて泣いてしまった。どうしよう？

すぐに話しかけず，しばらく時間をおいてから「残念だったね。私もこの前同じように負けちゃったわ。次はお互いがんばりましょう」などと声をかける。

⑪　こんなとき　どうする？③

◎コンビニに行って　おかしを　買おうとしたらお金が　足りなかった。どうしよう？

「すみません。お金が足りなかったので，これはやめます」と言って，買うおかしの数を減らす。

⑫　こんなとき　どうする？④

◎全校朝会で　校長先生の話を　聞いているとき後ろの子が　くすぐってきた。どうしよう？

「やめてね」とはっきり言い，少し前にずれる。それでも変わらなければ，先生に言う。

ポイント

文章化することが難しいときは，設問にあるやりとりを指導者と共に演じながら，思いを言語化してみましょう（役割交代をしながら，指導者が適切な言動を示します）。

⑬ こんなとき どうする？⑤

◎じゅぎょう中 考えごとをしていたら 先生に あてられてしまった。どうしよう？

正直に話を聞いていなかったことを先生に伝え，あやまってから，「もう一度言ってください」と言う。

⑭ こんなとき どうする？⑥

◎用事で 帰りをいそいでいたときに 友だちに会い 「あそぼうよ」とさそわれた。どうしよう？

用事があるから今日は無理ということを，ていねいに，はっきりと伝え，「さそってくれてありがとう。また今度遊ぼうね」と言う。

⑮ こんなとき どうする？⑦

◎風が強い日に となりの家のせんたく物が 道に落ちていた。となりの家は るすのようだ。どうしよう？

せんたく物が飛ばないところに目立たないように置くか，自分の家であずかり，となりの人が帰宅後にそのことを伝える。

⑯ こんなとき どうする？⑧

◎犬のさんぽ中に 前から来た おじさんに 犬が はげしく ほえはじめた。どうしよう？

犬がほえたことをあやまり，おじさんから離れて歩く。

ポイント

問題文の意味理解が難しいときには，文をアレンジして，わかりやすいやりとりにします（例えば，用事で帰りを急いでいたときに友だちから誘われる場面では，「あそぼうよ」ではなく，「今日遊びたいんだけど，何か用事はある？」と聞かれることにします）。

こんなとき どうする？⑨

◎じゅぎょう中 ねむくなってきた。終わるまでまだ20分もある。 どうしよう？

手をこすりあわせたり，ほっぺをたたくなどして，ねむけをさますよう努力する。どうしてもねむいなら，トイレに行かせてもらい，顔を洗ってくる。

 こんなとき どうする？⑩

◎問題を考えているときに となりの子が 「教えてあげようか」と声をかけてきた。 どうしよう？

お礼を言って，「もう少し自分で考えてみるね。どうしてもわからなかったら，教えてね」と伝える。

ポイント

皆に「問題にあるような場面を経験したことはあるかな？」と尋ね，経験者がいればエピソードを語ってもらいます（経験者がいない場合は，指導者が具体例を話します）。

⑲ ③ ヒントを考えよう①

なまえ [　　　　　　　　　　　　　　]

◎箱の中にボウリングが入っています。それを知っているのはあなただけです。ヒントを考え，みんなにクイズを出しましょう。

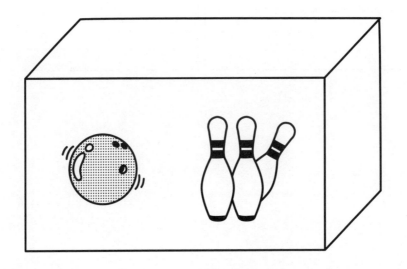

ヒント１	
ヒント２	
ヒント３	
ヒント４	
ヒント５	

できたぞ！　　やったぁ！

20 ③ ヒントを考えよう②

なまえ [　　　　　　　　　　　　　　　]

◎箱の中にエレベーターが入っています。それを知っているのはあなただけです。ヒントを考え，みんなにクイズを出しましょう。

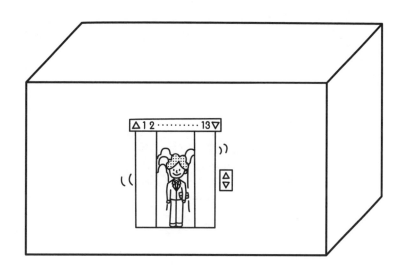

ヒント1	
ヒント2	
ヒント3	
ヒント4	
ヒント5	

できたぞ！　やったぁ！

21 ③ ヒントを考えよう③

なまえ[　　　　　　　　　　]

◎箱の中にたこやきが入っています。それを知っているのはあなただけです。ヒントを考え，みんなにクイズを出しましょう。

ヒント１	
ヒント２	
ヒント３	
ヒント４	
ヒント５	

できたぞ！　やったぁ！

22 ③ ヒントを考えよう④

なまえ [　　　　　　　　　　　　　]

◎箱の中にカーテンが入っています。それを知っているのはあなただけです。ヒントを考え，みんなにクイズを出しましょう。

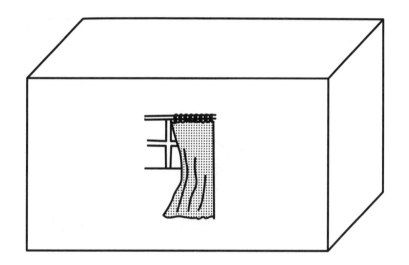

ヒント１	
ヒント２	
ヒント３	
ヒント４	
ヒント５	

できたぞ！　　やったぁ！

23 ③ ヒントを考えよう⑤

なまえ [　　　　　　　　　　　　　]

◎箱の中に金魚が入っています。それを知っているのはあなただけです。ヒントを考え，みんなにクイズを出しましょう。

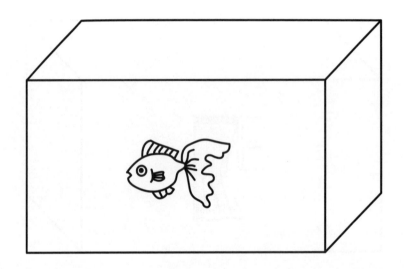

ヒント1	
ヒント2	
ヒント3	
ヒント4	
ヒント5	

できたぞ！　やったぁ！

㉔ ③ ヒントを考えよう⑥

なまえ [　　　　　　　　　　　]

◎箱の中に栗が入っています。それを知っているのはあなただけです。ヒントを考え，みんなにクイズを出しましょう。

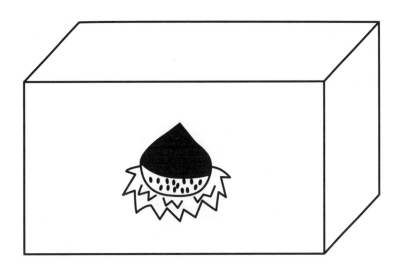

ヒント1	
ヒント2	
ヒント3	
ヒント4	
ヒント5	

できたぞ！　　やったぁ！

25 ③ ヒントを考えよう⑦

なまえ[　　　　　　　　　　]

◎箱の中にアルバムが入っています。それを知っているのはあなただけです。ヒントを考え，みんなにクイズを出しましょう。

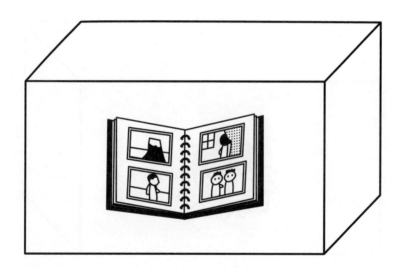

ヒント1	
ヒント2	
ヒント3	
ヒント4	
ヒント5	

できたぞ！　やったぁ！

26 ③ ヒントを考えよう⑧

なまえ[　　　　　　　　　]

◎箱の中にらくだが入っています。それを知っているのはあなただけです。ヒントを考え，みんなにクイズを出しましょう。

ヒント1	
ヒント2	
ヒント3	
ヒント4	
ヒント5	

できたぞ！　やったぁ！

27　③ ヒントを考えよう⑨

なまえ [　　　　　　　　　　　　]

◎箱の中に風鈴が入っています。それを知っているのはあなただけです。ヒントを考え、みんなにクイズを出しましょう。

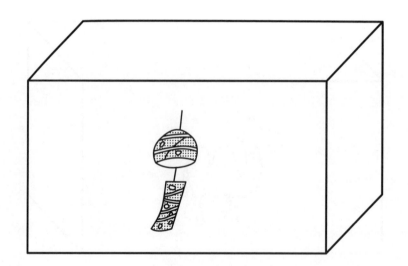

ヒント1	
ヒント2	
ヒント3	
ヒント4	
ヒント5	

できたぞ！　やったぁ！

28 ③ ヒントを考えよう⑩

なまえ [　　　　　　　　　　　]

◎箱の中にせん風機が入っています。それを知っているのはあなただけです。ヒントを考え，みんなにクイズを出しましょう。

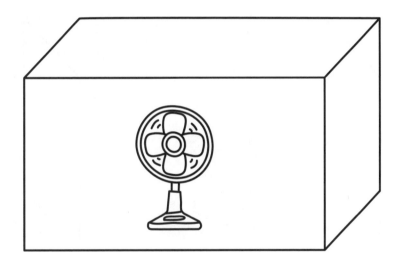

ヒント1	
ヒント2	
ヒント3	
ヒント4	
ヒント5	

できたぞ！　　やったぁ！

29 ③ ヒントを考えよう⑪

なまえ[　　　　　　　　　　]

◎箱の中に体重計が入っています。それを知っているのはあなただけです。ヒントを考え，みんなにクイズを出しましょう。

ヒント１	
ヒント２	
ヒント３	
ヒント４	
ヒント５	

できたぞ！　　やったぁ！

解答&解説

3 ヒントを考えよう

活動内容 ヒントを出し，他者に箱の中身を当てさせる
ねらい イメージする力，関係概念の力，他者視点，国語力（語彙力）

❄ 育つ力

◎ソーシャルスキルの基礎・応用
・イメージする力
・関係概念の力
・他者視点
・国語力（語彙力）

❄ 使い方

　箱の中に入っているもの（絵）を見て，相手に何が入っているかを当てさせます。その際，名称を直接言わず，ヒントとなるキーワードを複数（5つ）考えます。
　答えが相手にすぐにわからないよう，できるだけ遠回しなヒントを考えます。

❄ こんな子どもへの手立て

⊗**なかなかヒントが思い浮かばない子**
➥箱の中にあるものを実際に体験してみましょう
　（「ボウリングをする」「たこやきを食べる」「カーテンを開け閉めする」「栗を皮をむいて食べる」など）
➥箱の中身（用途）について指導者と話し合いましょう
　（「ボウリングはしたことある？」「そうか。教室でやってたんだね」「ボールを転がすのは難しいよね」「ピンは全部で何本あったの？」など）
➥指導者がヒントとなることばをいくつか提示し，その中から子どもに選択させます
　（「ボウリング」→「玉（ボール）」「重い」「スポーツ」「ころがす」「みぞに落ちる」「長い床がある」「10本」「数を競う」「とっくりに似た形（ピン）」など）
☺**ヒントを出せるようになった子**
➥他にも適切なヒントがないか考えさせます
➥出されたヒントを，どの順番で示せばよいか考えさせます（有効な優先順位）
➥箱の中に，他にも何を入れれば楽しめるかを考えさせ，遊びに広がりを持たせます
　（例えば，「アコーディオン」「相撲の土俵」など）
➥実際に中の見えない箱を用意し，中身を入れてクイズを楽しみましょう

※『＜特別支援教育＞学びと育ちのサポートワーク3 国語「書く力，考える力」の基礎力アップ編』（明治図書，加藤博之著）の「10. 絵を説明しよう」（p84〜91）参照

❄ 関連した活動

・スリーヒントクイズ
・連想ゲーム
・箱の中身は何かな（実際に物を入れ，手で触って当てる遊び）

❄ 採点のポイント

　適切なヒントをいくつも想起することができるか，個々のヒントが相手にとってどの程度わかるか把握しているか（ヒントの難度をある程度理解しているか），に注意しながら採点します。

❄ 解答（例）

→次ページ

47

⑲ ヒントを考えよう①

◎箱の中にボウリングが入っています。それを知っているのはあなただけです。ヒントを考え,みんなにクイズを出しましょう。

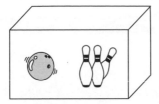

ヒント1	玉
ヒント2	ころがす
ヒント3	10本
ヒント4	たおす
ヒント5	数を競う

⑳ ヒントを考えよう②

◎箱の中にエレベーターが入っています。それを知っているのはあなただけです。ヒントを考え,みんなにクイズを出しましょう。

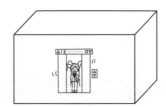

ヒント1	箱
ヒント2	ドア
ヒント3	ボタン
ヒント4	ビル(マンション)
ヒント5	上がる・下がる

㉑ ヒントを考えよう③

◎箱の中にたこやきが入っています。それを知っているのはあなただけです。ヒントを考え,みんなにクイズを出しましょう。

ヒント1	食べ物
ヒント2	丸い
ヒント3	熱い
ヒント4	屋台
ヒント5	ソース,青のり,かつおぶし,たこ

㉒ ヒントを考えよう④

◎箱の中にカーテンが入っています。それを知っているのはあなただけです。ヒントを考え,みんなにクイズを出しましょう。

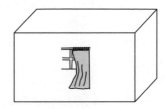

ヒント1	ひらひら
ヒント2	布
ヒント3	開ける・閉める
ヒント4	窓
ヒント5	光をさえぎる

ポイント

課題に慣れるために,日頃からスリーヒントクイズや「赤と言えば?」「ポスト」「りんご」「だるま」などのやりとりを行うとよいでしょう。

ヒントを考えよう⑤

◎箱の中に金魚が入っています。それを知っているのはあなただけです。ヒントを考え，みんなにクイズを出しましょう。

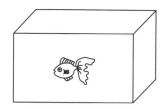

ヒント1	赤や黒が多い
ヒント2	お祭り
ヒント3	紙ですくう
ヒント4	およぐ
ヒント5	観賞用の小さな魚

 ヒントを考えよう⑥

◎箱の中に栗が入っています。それを知っているのはあなただけです。ヒントを考え，みんなにクイズを出しましょう。

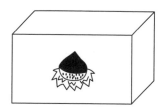

ヒント1	木になる
ヒント2	皮をむく
ヒント3	甘い
ヒント4	いがいが
ヒント5	夜店のおみやげ

㉕ **ヒントを考えよう⑦**

◎箱の中にアルバムが入っています。それを知っているのはあなただけです。ヒントを考え，みんなにクイズを出しましょう。

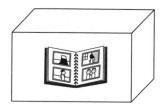

ヒント1	写真
ヒント2	分厚い
ヒント3	思い出
ヒント4	懐かしむ
ヒント5	ときどき見る

 ヒントを考えよう⑧

◎箱の中にらくだが入っています。それを知っているのはあなただけです。ヒントを考え，みんなにクイズを出しましょう。

ヒント1	動物
ヒント2	人や物を乗せる
ヒント3	ゆっくり歩く
ヒント4	背中にこぶ
ヒント5	砂漠

ポイント

皆で1つのものに対し特徴を出し合う活動を行うとよいでしょう（りんご→果物，丸い，赤い，甘い，しゃりしゃりしている，皮をむく，など）。その際，わかりやすいヒントから優先順位をつける練習をしましょう。

㉗ ヒントを考えよう⑨

◎箱の中に風鈴が入っています。それを知っているのはあなただけです。ヒントを考え，みんなにクイズを出しましょう。

ヒント1	窓の外
ヒント2	風
ヒント3	音
ヒント4	涼しい気分
ヒント5	ちりんちりん

㉘ ヒントを考えよう⑩

◎箱の中にせん風機が入っています。それを知っているのはあなただけです。ヒントを考え，みんなにクイズを出しましょう。

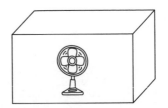

ヒント1	羽
ヒント2	風
ヒント3	回る
ヒント4	暑いときに使う
ヒント5	電化製品

㉙ ヒントを考えよう⑪

◎箱の中に体重計が入っています。それを知っているのはあなただけです。ヒントを考え，みんなにクイズを出しましょう。

ヒント1	人
ヒント2	乗る
ヒント3	量る
ヒント4	重さ
ヒント5	キログラム

ポイント

箱の中身のもの自体をよく知らないときは，図鑑や事典，インターネットなどで調べさせましょう（可能なら，実物を見る，触るなど，体験させましょう）。

㉚ ④ ストーリーを考えよう①

なまえ [　　　　　　　　　　　　　　　　]

1

→

2

→

3

→

4

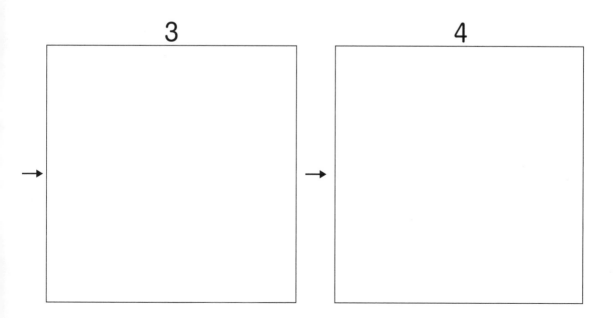

31 ④ ストーリーを考えよう②

なまえ [　　　　　　　　　　　　　　　]

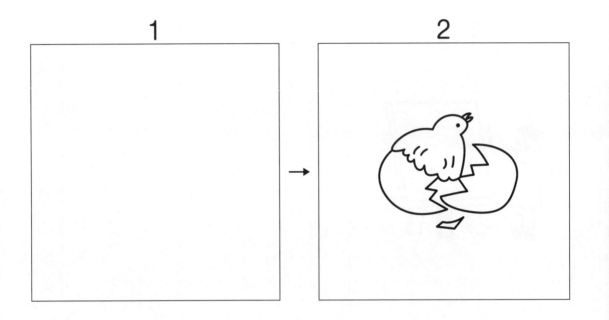

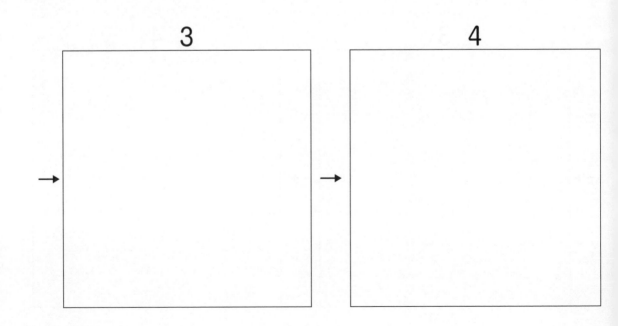

できたぞ！　　やったぁ！

32 4 ストーリーを考えよう③

なまえ [　　　　　　　　　　　]

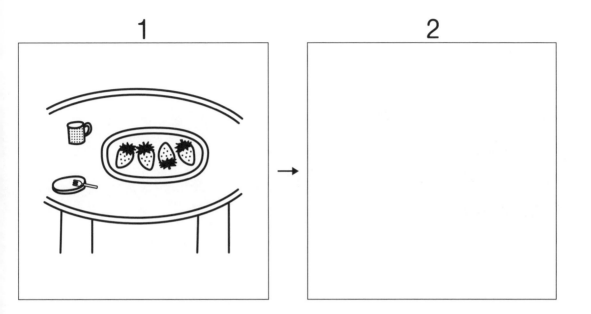

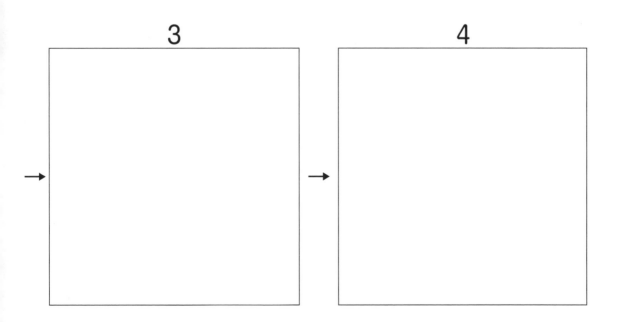

できたぞ！　やったぁ！

33 ④ ストーリーを考えよう④

なまえ [　　　　　　　　　　　　　]

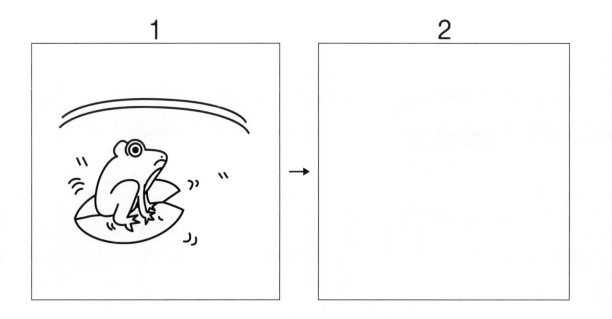

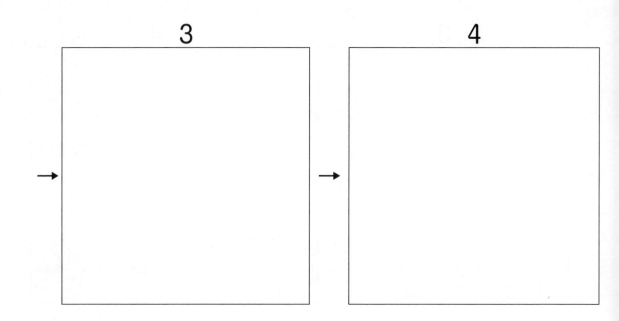

できたぞ！　やったぁ！

34 ④ ストーリーを考えよう⑤

なまえ[　　　　　　　　　　　　　　]

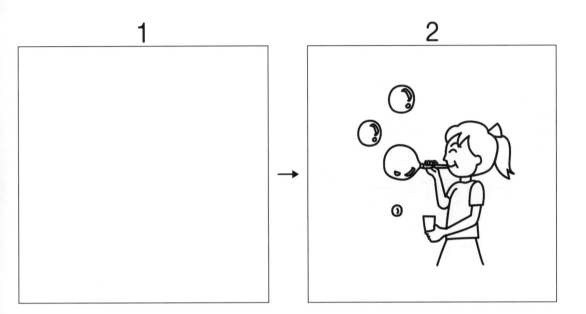

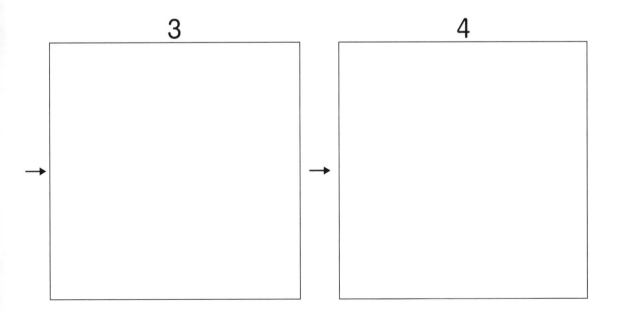

できたぞ！　やったぁ！

㉟ 4 ストーリーを考えよう⑥

なまえ [　　　　　　　　　　　　　　]

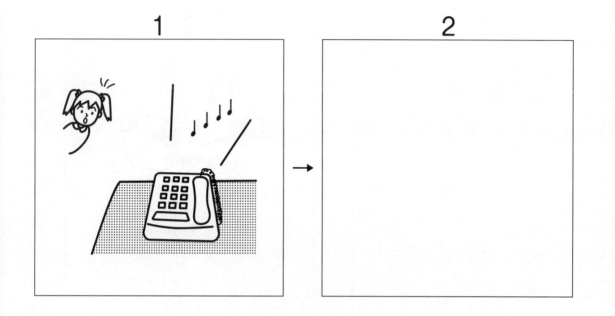

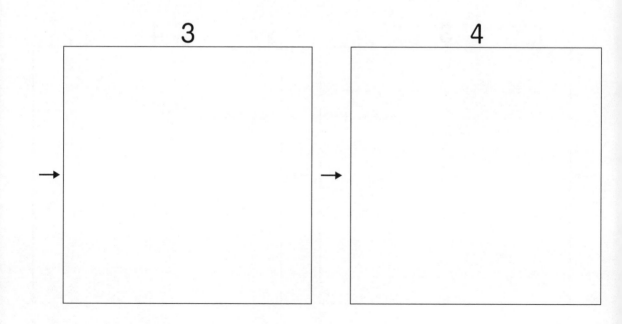

できたぞ！ やったぁ！

36 ④ ストーリーを考えよう⑦

なまえ [　　　　　　　　　　　　　　　]

1

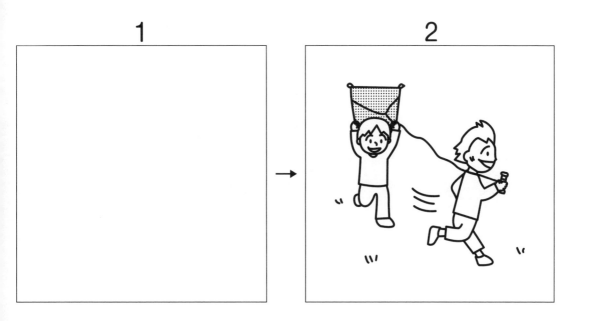

2

3

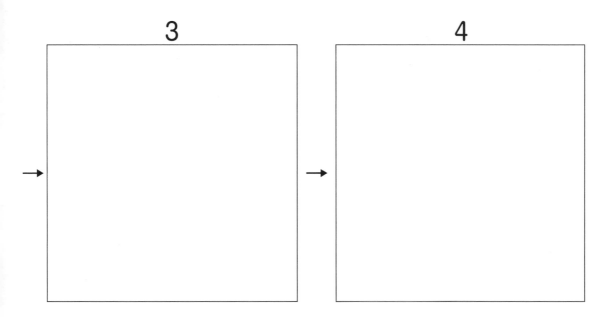

4

できたぞ！　やったぁ！

4 ストーリーを考えよう⑧

なまえ [   ]

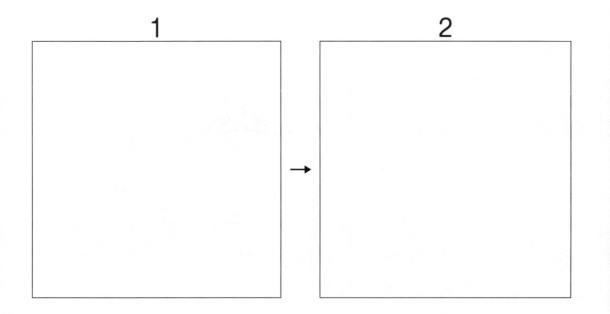

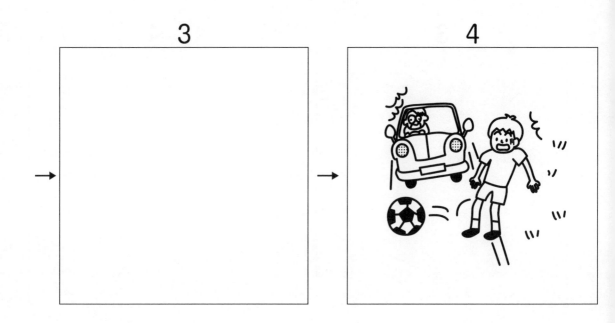

できたぞ！　やったぁ！

解答&解説

4 ストーリーを考えよう

活動内容 一部の絵から，4コマ漫画を完成させる
ねらい 時間経過の順序理解，ストーリー（起承転結）の理解，ストーリーを考える力，イメージする力，結果を予測する力，描画の力

❖ 育つ力

◎ソーシャルスキルの基礎・応用
・時間経過の順序理解
・ストーリー（起承転結）の理解
・ストーリーを考える力
・イメージする力
・結果を予測する力
・描画の力

❖ 使い方

4コマ漫画のうち，あらかじめ描かれた1つの絵を見ながら，話全体の展開を考え，残り3つの絵を描いて，全体のストーリーを完成させます。

絵を描きながらあらすじを考えるか，あらすじを考えてから絵を描くかは子どもに任せましょう（子どものタイプに応じたアドバイスを行っていきます）。

❖ こんな子どもへの手立て

☹ **ストーリーがなかなか思い浮かばない子**
↪手がかりとなる1つの絵を見ながら，指導者や友だちと共に前後のストーリーについて話し合い，その後の展開に結び付けさせます
（子どもから出された意見を指導者が広げてあげましょう。あるいは，複数の展開例を紹介し，どれがよいか，理由を聞いてから選ばせてもよいでしょう）
↪話し合いでストーリーが決まったら，指導者と共にその内容を寸劇やごっこ遊びで演じさせましょう

☹ **ネガティブなストーリーを作ってしまう子**
↪作ったものについては否定せず，他にもストーリーが作れないかを考えさせます
（難しいときは，具体例を示しながら内容を一部変更するよう，子どもに提案します。子どもと粘り強くやりとりをすることが大切です）

☺ **スムーズに展開できる子**
↪作ったものを，劇遊び風に演じさせましょう
（他児が作ったものを演じてみてもよいでしょう）
↪その後の展開を考えさせましょう
（5番目，6番目，あるいはそれ以降の絵と文を作成させます）
↪他児が作ったストーリーの感想を述べさせましょう
（自分が作ったストーリーについても，他児から感想や意見を求めます）
↪他児と一緒にストーリーを考えさせましょう
（その際，指導者は両者の意見をよく聞き，最終的にどちらも満足できるようなストーリーを組み立てる手伝いをしましょう）
↪出来上がった絵に文を付けて，紙芝居や本などの作品に仕上げてもよいでしょう

❖ 関連した活動

・4コマ漫画（あるいは漫画）
・絵日記，日記
・作文（行事の思い出など）
・劇遊び

❖ 採点のポイント

時間経過を意識しながら作成しているか，いろいろなものをイメージすることができているか，他者と共にストーリーを完成させることができるか，に注意しながら採点します。

❖ 解答（例）

→次ページ

ポイント

ストーリーが思い浮かばないときは，前後にヒントとなる絵を描いてあげます（例えば，卵が割れてひよこが生まれる話では，3番目に「少し大きくなったひよこの絵」を描く，など）。

ポイント

ストーリーを最後まで完成させることが難しいときは，指導者が子どもが描いた絵の続き（もしくは前）を補い，話が完結するようサポートします（指導者の絵を見て，新たなストーリーが思いつくことを目指します）。

㊳ ⑤ インタビューをしよう①

なまえ [　　　　　　　　　　　　　　　　　　]

1．昨日は家族で山に行き，ハイキングを楽しんでき
ました。

【インタビュー】（例）

① 「山の天気はどうでしたか？」
② 「山道はけわしかったですか？」
③ 「山頂のけしきはどうでしたか？」
④ 「人はたくさんいましたか？」
⑤ 「花や虫をいっぱい観察しましたか？」
⑥ 「お昼はどこで食べましたか？」

2．久しぶりに山形のおじいちゃんに会いに行ってき
ました。

【インタビュー】

① 「　　　　　　　　　　　　　　　　　　　 」
② 「　　　　　　　　　　　　　　　　　　　 」
③ 「　　　　　　　　　　　　　　　　　　　 」
④ 「　　　　　　　　　　　　　　　　　　　 」
⑤ 「　　　　　　　　　　　　　　　　　　　 」
⑥ 「　　　　　　　　　　　　　　　　　　　 」

できたぞ！　　　　やったぁ！

39 ⑤ インタビューをしよう②

なまえ[   ]

1. 今日はお母さんのたんじょう会です。

【インタビュー】

① 「   」

② 「   」

③ 「   」

④ 「   」

⑤ 「   」

⑥ 「   」

2. 1か月かけて，レーシングカーのプラモデルを完成させました。

【インタビュー】

① 「   」

② 「   」

③ 「   」

④ 「   」

⑤ 「   」

⑥ 「   」

できたぞ！　　　　やったぁ！

63

㊵ 5 インタビューをしよう③

なまえ [   ]

1．マラソン大会のとき転んで，ひざをすりむいてしまいました。

【インタビュー】

① 「   」

② 「   」

③ 「   」

④ 「   」

⑤ 「   」

⑥ 「   」

2．今日，漢字のテストで100点を取りました。

【インタビュー】

① 「   」

② 「   」

③ 「   」

④ 「   」

⑤ 「   」

⑥ 「   」

できたぞ！　　　　やったぁ！

㊶ 5 インタビューをしよう④

なまえ [   ]

1．本を読んで，思わず泣いてしまいました。

【インタビュー】

① 「   」

② 「   」

③ 「   」

④ 「   」

⑤ 「   」

⑥ 「   」

2．おこづかいをためて，ほしいゲームを買うつもりです。

【インタビュー】

① 「   」

② 「   」

③ 「   」

④ 「   」

⑤ 「   」

⑥ 「   」

できたぞ！　　　　やったぁ！

65

42 ⑤ インタビューをしよう⑤

なまえ [   ]

1. 今度の音楽発表会でピアノを演奏します。

【インタビュー】

① 「   」

② 「   」

③ 「   」

④ 「   」

⑤ 「   」

⑥ 「   」

2. 毎日，休み時間に練習をして，なわとびの二重とびができるようになりました。

【インタビュー】

① 「   」

② 「   」

③ 「   」

④ 「   」

⑤ 「   」

⑥ 「   」

できたぞ！　　　やったぁ！

43 ⑤ インタビューをしよう⑥

なまえ[   ]

1．ささいなことで，仲の良い友だちと口げんかをしてしまいました。

【インタビュー】

① 「   」

② 「   」

③ 「   」

④ 「   」

⑤ 「   」

⑥ 「   」

2．電車でお年寄りが目の前に立っていたのに，席をゆずることができませんでした。

【インタビュー】

① 「   」

② 「   」

③ 「   」

④ 「   」

⑤ 「   」

⑥ 「   」

できたぞ！　　　　やったぁ！

44 ⑤ インタビューをしよう⑦

なまえ[   ]

1. 公園に行って，知らない子たちといっしょにサッカーをして遊びました。

【インタビュー】

① 「   」

② 「   」

③ 「   」

④ 「   」

⑤ 「   」

⑥ 「   」

2. 約束をやぶってお父さんにしかられてしまいました。

【インタビュー】

① 「   」

② 「   」

③ 「   」

④ 「   」

⑤ 「   」

⑥ 「   」

できたぞ！　　　　やったぁ！

㊺ 5 インタビューをしよう⑧

なまえ [   ]

1. 友だちに貸した消しゴムがなかなかもどってこないので，困っています。

【インタビュー】

① 「   」

② 「   」

③ 「   」

④ 「   」

⑤ 「   」

⑥ 「   」

2. 夜おそくに友だちから電話がかかってきました。

【インタビュー】

① 「   」

② 「   」

③ 「   」

④ 「   」

⑤ 「   」

⑥ 「   」

できたぞ！　　やったぁ！

69

解答&解説

5 インタビューをしよう

活動内容 短文を読んで，それについて複数の質問をする
ねらい 状況の理解，人の気持ちの理解（他者視点），イメージする力，国語力（質問力，表現力）

❋ 育つ力

◎ソーシャルスキルの基礎・応用
・状況の理解
・人の気持ちの理解（他者視点）
・イメージする力
・国語力（質問力，表現力）

❋ 使い方

その人が経験したこと（文章）を読んで，いろいろな質問を行います（インタビュー）。
自分が興味のあることを中心に聞きながら，いろいろな質問をまんべんなく行っていきます。

❋ こんな子どもへの手立て

☹ **インタビューの内容がなかなか思いつかない子**
↪ ワークに取り組む前に，自分自身がインタビューを受ける経験を十分に行いましょう
↪ 毎日の出来事を日記に書きます（できるだけ詳しい内容になるよう，指導者がサポートします）
（例）昨日は友だちの家でトランプをしました
〔いつ〕昨日の午後3時から5時半の間
〔どこで〕友だちの太郎くんの家で
〔だれと〕太郎くん，花子さん，次郎くん，自分の4人
〔何をした〕トランプ（ババぬき，7ならべ）
〔どうだった〕ババぬきは自分が勝ち，7ならべは花子さんが勝った（どちらも次郎くんが負けた）
〔詳しい様子〕ババぬきで，ジョーカーが4人の間を次々に移っていったとき，すごく盛り上がった
※『＜特別支援教育＞学びと育ちのサポートワーク3 国語「書く力，考える力」の基礎力アップ編』（明治図書，加藤博之著）の「12. いつ・どこで・だれが・何をした」（p103〜109）参照

☺ **適切なインタビューを行えるようになった子**
↪ さらにいろいろな種類のインタビューを考えさせます
↪ インタビューをしながら，自分の経験を織り交ぜ，意見を言うことができるようにしましょう
（例）山でのハイキングの話
「どんな虫を見ましたか」→「その虫ならぼくも図鑑で見たことがあるよ」「それは，敵が現れると色が変わるんだよ」「○○地方に多く生息するみたいだね」
↪ 日常的に，友だちの話を聞いて質問したり，自分の意見を言う習慣を身につけさせます
（朝の会，国語，給食，総合学習，学級会の時間など）

❋ 関連した活動

・学級会などでの意見交換や司会
・行事の感想発表
・作文

❋ 採点のポイント

相手の状況をよく理解しているか，相手にわかりやすい質問（インタビュー）ができているか，日頃から自分の意見や感想を持ちわかりやすく表現できているか，に注意しながら採点します。

❋ 解答（例）

→次ページ

インタビューをしよう①

1．昨日は家族で山に行き，ハイキングを楽しんできました。
【インタビュー】（例）
① 「山の天気はどうでしたか？」
② 「山道はけわしかったですか？」
③ 「山頂のけしきはどうでしたか？」
④ 「人はたくさんいましたか？」
⑤ 「花や虫をいっぱい観察しましたか？」
⑥ 「お昼はどこで食べましたか？」

2．久しぶりに山形のおじいちゃんに会いに行ってきました。
【インタビュー】
① 「おじいちゃんは元気でしたか？」
② 「新かん線で行ったのですか？」
③ 「山形のおいしいものを食べましたか？」
④ 「どこかに遊びに行きましたか？」
⑤ 「おじいちゃんとはどんな話をしましたか？」
⑥ 「おみやげは買ってきましたか？」

 インタビューをしよう②

1．今日はお母さんのたんじょう会です。
【インタビュー】
① 「お母さんは何さいになりますか？」
② 「たんじょう日のプレゼントは何ですか？」
③ 「ケーキはどんなものにしますか？」
④ 「料理は何を食べますか？」
⑤ 「お父さんは早く帰ってきますか？」
⑥ 「みんなでハッピーバースデーの歌を歌いますか？」

2．1か月かけて，レーシングカーのプラモデルを完成させました。
【インタビュー】
① 「完成したのはどんな車ですか？」
② 「その車は動きますか？」
③ 「大きさはどれくらいですか？」
④ 「作るときに大変だったのはどういうところですか？」
⑤ 「だれかに見せましたか？」
⑥ 「ほかにもプラモデルは作るのですか？」

 インタビューをしよう③

1．マラソン大会のとき転んで，ひざをすりむいてしまいました。
【インタビュー】
① 「ころんだ後も，最後まで走りましたか？」
② 「記録（順位）はどうでしたか？」
③ 「終わってから，どのような手当をしましたか？」
④ 「結果を聞いて，家の人はなんと言っていましたか？」
⑤ 「どうしてころんだのだと思いますか？」
⑥ 「来年はどのような目標でマラソン大会にのぞみますか？」

2．今日，漢字のテストで100点を取りました。
【インタビュー】
① 「テストのためにどれくらい勉強をしましたか？」
② 「どのような勉強をしましたか？」
③ 「結果を聞いて，お母さんは何と言っていましたか？」
④ 「先生は何か言っていましたか？」
⑤ 「100点を取ったときの気持ちはどうでしたか？」
⑥ 「他のテストもがんばろうという気持ちがおきましたか？」

 インタビューをしよう④

1．本を読んで，思わず泣いてしまいました。
【インタビュー】
① 「どのような内容の本を読んだのですか？」
② 「どうして泣いたのですか？」
③ 「本はよく読みますか？」
④ 「どのような内容の本が好きですか？」
⑤ 「読んだ内容や感想をだれかに話すことはありますか？」
⑥ 「読書以外に，どんなことが好きですか？」

2．おこづかいをためて，ほしいゲームを買うつもりです。
【インタビュー】
① 「どうしてそのゲームがほしいのですか？」
② 「そのゲームのどこが楽しいのですか？」
③ 「だれかといっしょにゲームをしますか？」
④ 「おこづかいはどれくらいためていますか？」
⑤ 「ゲームを買うまでにどれくらいの期間がかかりますか？」
⑥ 「ほかにも，お金をためて買いたいものはありますか？」

ポイント

日頃から，友だちの話に興味を持ち，「どうして」「どのように」などと聞く習慣を身につけさせましょう（例えば，「ぼく二重とびができるようになったよ」に対し「どのように」，「Aくんと口げんかしちゃった」に対し「どうして」など）。

㊷ インタビューをしよう⑤

1．今度の音楽発表会でピアノを演奏します。
【インタビュー】
① 「ピアノが得意なのですか？」
② 「どのような曲を演奏するのですか？」
③ 「ピアノを弾くようになったのはなぜですか？」
④ 「発表するとき，きんちょうはしませんか？」
⑤ 「何人くらい，ききにきてくれますか？」
⑥ 「次はどのような曲を演奏したいですか？」

2．毎日，休み時間に練習をして，なわとびの二重とびができるようになりました。
【インタビュー】
① 「練習はどれくらいの期間しましたか？」
② 「と中であきらめそうになったことはありませんか？」
③ 「だれかにとび方を教えてもらいましたか？」
④ 「二重とびをするためのコツは何ですか？」
⑤ 「できたとき,先生や友だち,家の人は何と言っていましたか？」
⑥ 「次は，何に挑戦したいと思いますか？」

㊸ インタビューをしよう⑥

1．ささいなことで，仲の良い友だちと口げんかをしてしまいました。
【インタビュー】
① 「けんかの原因は何だと思いますか？」
② 「けんかはどれくらい続きましたか？」
③ 「どうして,けんかにならないようにできなかったのですか？」
④ 「けんかの後はどうなりましたか？」
⑤ 「これからはどうしたいと思いますか？」
⑥ 「相手の子のいいところを教えてください。」

2．電車でお年寄りが目の前に立っていたのに，席をゆずることができませんでした。
【インタビュー】
① 「電車は混んでいましたか？」
② 「そのとき,お年寄りはどのような様子でしたか？」
③ 「なぜ席をゆずれなかったのだと思いますか？」
④ 「後からふり返って，自分の行動をどう思いますか？」
⑤ 「今度このようなことがあったら，どうしたいですか？」
⑥ 「自分をはげますことばがあったら教えてください。」

㊹ インタビューをしよう⑦

1．公園に行って，知らない子たちといっしょにサッカーをして遊びました。
【インタビュー】
① 「その中には，何人の子がいたのですか？」
② 「何年生くらいの子でしたか？」
③ 「どのようなきっかけでサッカーをすることになったのですか？」
④ 「サッカーをしているときの様子はどうでしたか？」
⑤ 「終わってから何か話しましたか？」
⑥ 「自分が知らない子と遊べたことをどう思いますか？」

2．約束をやぶってお父さんにしかられてしまいました。
【インタビュー】
① 「お父さんとどんな約束をしていたのですか？」
② 「なぜ，約束をやぶってしまったのですか？」
③ 「約束をやぶったとき，どんな気持ちでしたか？」
④ 「お父さんの気持ちを理解しようとしましたか？」
⑤ 「おこられた後，どうしましたか？」
⑥ 「約束について，どういう思いを持っていますか？」

㊺ インタビューをしよう⑧

1．友だちに貸した消しゴムがなかなかもどってこないので，困っています。
【インタビュー】
① 「どのようなときに消しゴムを貸したのですか？」
② 「その子には，よく物を貸すのですか？」
③ 「なぜもどってこないと思いますか？」
④ 「もどってくるためには,どうすればよいと思いますか？」
⑤ 「声をかけることで，心配なことはありませんか？」
⑥ 「また，貸してほしいと言われたら，どうしますか？」

2．夜おそくに友だちから電話がかかってきました。
【インタビュー】
① 「何時ごろにかかってきたのですか？」
② 「どういう内容の電話でしたか？」
③ 「友だちには，どのように話しましたか？」
④ 「電話がかかってきたことについて，お母さんから何か言われましたか？」
⑤ 「そのことについて，どのように答えましたか？」
⑥ 「電話をかけるときに,何に気をつければよいと思いますか？」

ポイント

ワークで得た力を実生活に生かしていきましょう（行事の終了後に皆で感想を述べ合う，話し合いで意見を言ったり司会をしたりする，など）。

㊻ ⑥ 会話を成立させよう①

なまえ[　　　　　　　　　　　　]

1. かぜの話
A「昨日はお休みだったけど，体調が悪かったの？」
B「うん。かぜで熱が出たんだよ」
A「それは大変だったね」
B「午前中は熱が高くて苦しかったよ」
A「
　　　　　　　　　　　　　　　　　　　　　」
B「ありがとう」

2. 友達関係の話
A「Cちゃんと何かあったの？」
B「どうして？」
A「さっき，Cちゃんが怒ったような顔をしてたから」
B「ほんと？」
A「うん。声をかけても返事もせずに行っちゃった」
B「そっか」
A「
　　　　　　　　　　　　　　　　　　　　　」
B「うん。そうだね」

できたぞ！  やったぁ！

47 ⑥ 会話を成立させよう②

なまえ[　　　　　　　　　　　]

1. クラブの話

A「こんにちは。買い物の帰り？」
B「うん。今度クラブで使うノートを，ホームセンターまで買いに行ってきたんだよ」
A「そう。Bくんは部長だよね。いろいろ大変だね」
B「そうでもないよ。皆が手伝ってくれるから」
A「
　　　　　　　　　　　　　　　　　　　　　」
B「どうもありがとう」

2. かけっこの話

A「Bくん，本当に速かったね」
B「うん。一生けん命走ったからね」
A「必死で追ったけど，全然追いつかなかった」
B「カーブのところで少しスピードをゆるめたんだよ」
A「そうか。いろいろと工夫しているんだね」
B「
　　　　　　　　　　　　　　　　　　　　　」
A「わかった。ぼくも頑張ってみるね」

できたぞ！ やったぁ！

㊽ 6 会話を成立させよう③

なまえ [   ]

1．そうじの話

A「ねえ，Bくんも手伝ってくれない？」

B「えー」

A「見ての通り，みんなでそうじしているんだよ」

B「だって，何をしたらいいかわからないんだもの」

A「

」

B「そうか。じゃあ，ぼくもやってみるよ」

2．起床の話

A「早く起きなさい。何時だと思ってるの？」

B「うーん」

A「ちこくしても知らないわよ」

B「ああ，わかったよ。眠いなあ」

A「もう，まったく」

B「あ，こんな時間。どうしてもっと早く起こしてくれなかったの？」

A「

」

B「はい。わかったよ。起きてすぐに準備するね」

できたぞ！　　やったぁ！

75

49　6 会話を成立させよう④

なまえ [　　　　　　　　　　　]

1. 洋服屋の話

A「すみません。これは夏用ですか？」
B「はい。夏用ですが，春や秋も大丈夫ですよ」
A「うーん，どうしようかな」
B「

                                         」

A「そうですか。じゃあ，これをいただきます」
B「どうも，ありがとうございます」

2. 勉強の話

A「ねえ，ここわかる？」
B「ああ。その問題は結構難しいね」
A「と中まではわかるんだけど，その先が…」
B「確かに，この部分から複雑になるよね」
A「あきらめちゃおうかな」
B「

                                         」

A「どうもありがとう」

できたぞ！　　やったぁ！

50 ⑥ 会話を成立させよう⑤

なまえ[　　　　　　　　　　　　　　　　]

1. 電話の話

A「はい，もしもし。Aです」
B「あっ，Aくん。Bだけど，久しぶり」
A「Bくんかあ。本当に久しぶりだね。元気だった？」
B「うん。何とかやってるよ。ところで今日は時間あいてる？　用事で近くまで来ているんだ」
A「
　　　　　　　　　　　　　　　　　　　　　　　　　」
B「そうか。仕方ないね。また今度ね。じゃあね」

2. 転んだ話

A「いててて。転んじゃった」
B「だいじょうぶ？　あっ，ひざから血が出ているよ」
A「本当だ。でも大したことはないよ」
B「ダメダメ。ちゃんと消毒しなくちゃ。まずは水で流そう」
A「そうだね。あそこの水道で流すよ」
B「
　　　　　　　　　　　　　　　　　　　　　　　　　」
A「ありがとう。助かるよ」

できたぞ！  やったぁ！

51 6 会話を成立させよう⑥

なまえ [　　　　　　　　　　　　　]

1. ピアノの話
A 「いい曲だね。何を弾いているの？」
B 「アニメの歌よ。エンディングの曲なの」
A 「落ち着いてて，草原に寝そべって，空を見ているような感じがする。本当にいい曲だね」
B 「うん，そうなの。弾いていると心が落ち着くのよ」
A 「
　　　　　　　　　　　　　　　　　　　　　　　　　　」
B 「そう言ってもらってうれしいわ」

2. 修学旅行の話
A 「先週，修学旅行に行ってきたんだ」
B 「そう。どこに行ったの？」
A 「関西だよ。前から行きたいと思っていたんだ」
B 「そうなんだ。ぼくも家族で行ったことがあるよ。ずいぶん前のことだけど。いいところだよね」
A 「
　　　　　　　　　　　　　　　　　　　　　　　　　　」
B 「いいなあ。また行きたくなっちゃったよ」

できたぞ！ やったぁ！

52 ⑥ 会話を成立させよう⑦

なまえ [   ]

1. 図書館の話

A 「あっBくん，どこに行くの？」
B 「図書館だよ。借りたい本があってね」
A 「もしかして今日の社会の宿題と関係あるかな？」
B 「そうだよ。もっとくわしく調べたいと思ったんだ」
A 「じゃあ。ぼくも行こうかな。家に利用カードがある
　　から取りに行ってくるね」
B 「

　　　　　　　　　　　　　　　　　　　　　　　　」

A 「了解。じゃあ，よろしくね」

2. 洗たく物の話

A 「あー，雨が降ってきた。洗たく物を入れなくちゃ」
B 「えー，洗たく物？　今日は干してたっけ？」
A 「干してたわよ。朝早く，洗たくしたじゃない」
B 「

　　　　　　　　　　　　　　　　　　　　　　　　」

A 「はい。こういうときは，協力しなくちゃね」

できたぞ！　　　やったぁ！

79

53　6　会話を成立させよう⑧

なまえ[　　　　　　　　　　　　　　　]

1. 給食の話

A「さあ，いただきます。今日はカレーだね」
B「うん。カレーはおいしいよね。大好物だよ」
A「毎日カレーでもいいくらいだね」
B「そうだね。でもたまに食べるからいいのかも」
A「カレーって，家と学校では味も違うし，具も違っているし，そこがいいんだよね」
B「

」
A「そうだね。ぼくもそうだよ…ごちそうさま」

2. 花火大会の話

A「さあ始まるぞ。すみません。ここあいてますか？」
B「ごめんなさい。後から人が来るんですよ」
A「そうですか。どこかあいてないかな」
B「少しつめれば，1人くらいなら入れるかも」
A「

」
B「お役に立てなくてごめんなさい。早く席が見つかるといいですね」

できたぞ！  やったぁ！

54　6　会話を成立させよう⑨

なまえ[　　　　　　　　　　]

1. けんかの話

A「さっき，Cくんと大きな声で言い争いをしてたね。何があったの？」
B「それは…」
A「言いたくないなら，言わなくてもいいよ」
B「そういうわけじゃないけど…うーん…」
A「わかった。まずは落ち着こう」
B「　　　　　　　　　　　　　　　　　　　　　　　　　　」
A「そうだね。あとで仲直りしにいこうね」

2. おつかいの話

A「こんにちは。あら，お出かけ？」
B「はい。お母さんに頼まれておつかいに行くところです」
A「そうなの。えらいわね。どこまで行くの？」
B「大通りの向こうの○○ストアまで行きます」
A「　　　　　　　　　　　　　　　　　　　　　　　　　　」
B「ありがとうございます。ではまた」

できたぞ！　　やったぁ！

55 ⑥ 会話を成立させよう⑩

なまえ[　　　　　　　　　　　　]

1．テストの話
A「この前の算数のテストはどうだった？」
B「あれか。難しかったよ。特に図形のところがね」
A「そうそう。あそこは本当にやっかいだったよね。いろいろ考えたんだけど，結局わからなかったよ」
B「ぼくも苦戦したけど，補助線を引いたら解けたよ」
A「そうか。補助線かあ」
B「　　　　　　　　　　　　　　　　　　　　　」
A「ありがとう。やる気が出てきたよ」

2．ドミノ倒しの話
A「あと少しで完成だね。そうっと置かなきゃね」
B「ああ。倒れちゃった…」
A「いいところまでいくんだけど，うまくいかないね」
B「うーん，どうしてなんだろう」
A「　　　　　　　　　　　　　　　　　　　　　」
B「わかった。じゃあ，もう1回挑戦するか」

解答&解説

6 会話を成立させよう

活動内容	２人の会話（やりとり）を読み取り，穴埋めする
ねらい	状況の理解，人の気持ちの理解（他者視点），イメージする力，国語力（作文力）

❋ 育つ力

◎ソーシャルスキルの基礎・応用

・状況の理解
・人の気持ちの理解（他者視点）
・イメージする力
・国語力（作文力）

❋ 使い方

A，B２人の会話を読み取り，どちらかになったつもりで穴埋めをして会話を成立させます。

その際，相手の気持ちに共感し，相手を応援するような内容になることを心掛けます。

❋ こんな子どもへの手立て

☹穴埋めの文章が思い浮かばない子

↪指導者同士で，ワークにあるやりとりを演じて見せましょう（感情表現豊かに演じ，穴埋めの部分は適切な内容を入れて話します）

↪日頃からワークにあるようなことばのやりとりを聞かせたり，本人を巻き込むなどして，人の気持ちを思いやるやりとりのことばを増やしていきます

↪穴埋めに入りそうな文章を複数提示し，子どもに選択させます（２～３択とし，不適切な内容も用意します。選択後は指導者と一緒に演じさせましょう）

↪会話文が多く含まれる本を読んだり，読み聞かせたりします

☺適切な会話文を書けるようになった子

↪作成した内容を，いろいろな相手と演じ合う経験をします（役割交代をしながら，A，Bどちらの気持ちも理解できることを目指しましょう）

↪自分の経験を元に，指導者や友だちといろいろな会話を行い，それを文章化していきます
（完成したら，皆の前で演じる機会を設けます）

※『＜特別支援教育＞学びと育ちのサポートワーク５ ソーシャルスキル「柔軟性」アップ編』（明治図書，加藤博之著）の「6．セリフを考えよう」（p55～66）参照

❋ 関連した活動

・本の読み聞かせ（会話文が多く含まれるもの）
・読書（特に会話文の音読）
・劇遊び
・日常会話への応用

❋ 採点のポイント

２人の会話がきちんと成立しているか，お互いが会話を楽しめているか，相手が穏やかで前向きな気持ちになれているか，に注意しながら採点します。

❋ 解答（例）

→次ページ

83

㊻ 会話を成立させよう①

1．かぜの話
A「昨日はお休みだったけど，体調が悪かったの？」
B「うん。かぜで熱が出たんだよ」
A「それは大変だったね」
B「午前中は熱が高くて苦しかったよ」
A「そっか。じゃあ今日は無理しないでね。早くよくなってね」
B「ありがとう」

2．友達関係の話
A「Cちゃんと何かあったの？」
B「どうして？」
A「さっき，Cちゃんが怒ったような顔をしてたから」
B「ほんと？」
A「うん。声をかけても返事もせずに行っちゃった」
B「そっか」
A「もしけんかをしたのなら，あやまった方がいいんじゃない」
B「うん。そうだね」

㊼ 会話を成立させよう②

1．クラブの話
A「こんにちは。買い物の帰り？」
B「うん。今度クラブで使うノートを，ホームセンターまで買いに行ってきたんだよ」
A「そう。Bくんは部長だよね。いろいろ大変だね」
B「そうでもないよ。皆が手伝ってくれるから」
A「そっか。それは助かるね。頑張ってね」
B「どうもありがとう」

2．かけっこの話
A「Bくん，本当に速かったね」
B「うん。一生けん命走ったからね」
A「必死で追ったけど，全然追いつかなかった」
B「カーブのところで少しスピードをゆるめたんだよ」
A「そう。いろいろと工夫しているんだね」
B「うん。毎日練習したら，少しずつ速く走れるようになったよ」
A「わかった。ぼくも頑張ってみるね」

㊽ 会話を成立させよう③

1．そうじの話
A「ねえ，Bくんも手伝ってくれない？」
B「えー」
A「見ての通り，みんなでそうじしているんだよ」
B「だって，何をしたらいいかわからないんだもの」
A「今週はろうかそうじだよ。私がやり方を教えてあげるよ」
B「そうか。じゃあ，ぼくもやってみるよ」

2．起床の話
A「早く起きなさい。何時だと思ってるの？」
B「うーん」
A「ちこくしても知らないわよ」
B「ああ，わかったよ。眠いなあ」
A「もう，まったく」
B「あ，こんな時間。どうしてもっと早く起こしてくれなかったの？」
A「何度も起こしたでしょ。人のせいにしないの」
B「はい。わかったよ。起きてすぐに準備するね」

㊾ 会話を成立させよう④

1．洋服屋の話
A「すみません。これは夏用ですか？」
B「はい。夏用ですが，春や秋も大丈夫ですよ」
A「うーん，どうしようかな」
B「お客様，とても似合っていますよ。秋になって涼しくなったら，上に色が濃いめのカーディガンを着るといいでしょう」
A「そうですか。じゃあ，これをいただきます」
B「どうも，ありがとうございます」

2．勉強の話
A「ねえ，ここわかる？」
B「ああ。その問題は結構難しいね」
A「と中まではわかるんだけど，その先が…」
B「確かに，この部分から複雑になるよね」
A「あきらめちゃおうかな」
B「ぼくもよくわからないから，一緒に考えてみようよ。きっと解けるよ」
A「どうもありがとう」

ポイント

まずは，ヒントによって解答を考えさせ，その答えを入れて，何度も声に出してやりとりをさせましょう（会話には，リズム感が大事であることを，身をもって考えさせます）。

50 会話を成立させよう⑤

1．電話の話
A「はい，もしもし。Aです」
B「あっ，Aくん。Bだけど，久しぶり」
A「Bくんかあ。本当に久しぶりだね。元気だった？」
B「うん。何とかやってるよ。ところで今日は時間あいてる？ 用事で近くまで来ているんだ」
A「**せっかくだけど，これから出かけるんだよ**」
B「そうか。仕方ないね。また今度ね。じゃあね」

2．転んだ話
A「いてててて。転んじゃった」
B「だいじょうぶ？ あっ，ひざから血が出ているよ」
A「本当だ。でも大したことはないよ」
B「ダメダメ。ちゃんと消毒しなくちゃ。まずは水で流そう」
A「そうだね。あそこの水道で流すよ」
B「**それがいいね。ぼくが荷物を持ってあげるよ**」
A「ありがとう。助かるよ」

51 会話を成立させよう⑥

1．ピアノの話
A「いい曲だね。何を弾いているの？」
B「アニメの歌よ。エンディングの曲なの」
A「落ち着いてて，草原に寝そべって，空を見ているような感じがする。本当にいい曲だね」
B「うん，そうなの。弾いていると心が落ち着くのよ」
A「**好きな曲があるっていいね。本当にすてきな時間だと思う**」
B「そう言ってもらってうれしいわ」

2．修学旅行の話
A「先週，修学旅行に行ってきたんだ」
B「そう。どこに行ったの？」
A「関西だよ。前から行きたいと思っていたんだ」
B「そうなんだ。ぼくも家族で行ったことがあるよ。ずいぶん前のことだけど。いいところだよね」
A「**京都や奈良の寺院や大阪の水族館が特に印象に残っているかな。食べ物もおいしかったし**」
B「いいなあ。また行きたくなっちゃったよ」

52 会話を成立させよう⑦

1．図書館の話
A「あっBくん，どこに行くの？」
B「図書館だよ。借りたい本があってね」
A「もしかして今日の社会の宿題と関係あるかな？」
B「そうだよ。もっとくわしく調べたいと思ったんだ」
A「じゃあ。ぼくも行こうかな。家に利用カードがあるから取りに行ってくるね」
B「**うん，わかった。先に調べておくね。役立ちそうな本を何冊かさがしておくね**」
A「了解。じゃあ，よろしくね」

2．洗たく物の話
A「あー，雨が降ってきた。洗たく物を入れなくちゃ」
B「えー，洗たく物？ 今日は干してたっけ？」
A「干してたわよ。朝早く，洗たくしたじゃない」
B「**そうだっけ。じゃあぼくが取りこんでくるよ。お母さんは窓をしめて**」
A「はい。こういうときは，協力しなくちゃね」

53 会話を成立させよう⑧

1．給食の話
A「さあ，いただきます。今日はカレーだね」
B「うん。カレーはおいしいよね。大好物だよ」
A「毎日カレーでもいいくらいだね」
B「そうだね。でもたまに食べるからいいのかも」
A「カレーって，家と学校では味も違うし，具も違っているし，そこがいいんだよね」
B「**いろいろな味があるから飽きないんだよね。ついつい，ごはんもいっぱい食べちゃうよ**」
A「そうだね。ぼくもそうだよ…ごちそうさま」

2．花火大会の話
A「さあ始まるぞ。すみません。ここあいてますか？」
B「ごめんなさい。後から人が来るんですよ」
A「そうですか。どこかあいてないかな」
B「少しつめれば，１人くらいなら入れるかも」
A「**ありがとうございます。でも私たちは２人なんです。他の場所を探しますね**」
B「お役に立てなくてごめんなさい。早く席が見つかるといいですね」

ポイント

慣れてきたら，最初のことば（A）だけを示し，その後，問題文とは違う「自由なやりとり」を続ける練習をしましょう（１つのテーマで会話をできるだけ長く続けることが，コミュニケーションを身につけるために有効です）。

54 会話を成立させよう⑨

1．けんかの話
A「さっき，Cくんと大きな声で言い争いをしてたね。何があったの？」
B「それは…」
A「言いたくないなら，言わなくてもいいよ」
B「そういうわけじゃないけど…うーん…」
A「わかった。まずは落ち着こう」
B「うん。ちょっと興奮しすぎちゃった。もう少したったら，ちゃんと話せると思う」
A「そうだね。あとで仲直りしにいこうね」

2．おつかいの話
A「こんにちは。あら，お出かけ？」
B「はい。お母さんに頼まれておつかいに行くところです」
A「そうなの。えらいわね。どこまで行くの？」
B「大通りの向こうの○○ストアまで行きます」
A「**車の通りが多いから，気をつけてね。行ってらっしゃい**」
B「ありがとうございます。ではまた」

55 会話を成立させよう⑩

1．テストの話
A「この前の算数のテストはどうだった？」
B「あれか。難しかったよ。特に図形のところがね」
A「そうそう。あそこは本当にやっかいだったよね。いろいろ考えたんだけど，結局わからなかったよ」
B「ぼくも苦戦したけど，補助線を引いたら解けたよ」
A「そうか。補助線かあ」
B「**うん。図形は何も描かないと難しいよね。補助線を引くだけでだいぶわかりやすくなるよ**」
A「ありがとう。やる気が出てきたよ」

2．ドミノ倒しの話
A「あと少しで完成だね。そうっと置かなきゃね」
B「ああ。倒れちゃった…」
A「いいところまでいくんだけど，うまくいかないね」
B「うーん，どうしてなんだろう」
A「**置いた後にぶつかって倒しちゃうことが多いよね。手を離すときに気をつけたらいいのかも**」
B「わかった。じゃあ，もう1回挑戦するか」

ポイント
日頃から，誰かが困っているときに，適切なアドバイスができることを目指していきましょう（指導者が随時きっかけ作りを行っていきます）。

56 ７ この絵は何かな①

なまえ [　　　　　　　　　　　　　　]

絵を描いて，友だちに「これは何かな？」と考えさせるクイズです。すぐにわからず，友だちが頭をひねるような絵にしましょう。

いす

ハンバーガー

できたぞ！　やったぁ！

7 この絵は何かな②

なまえ [　　　　　　　　　　　　　]

絵を描いて、友だちに「これは何かな？」と考えさせるクイズです。すぐにわからず、友だちが頭をひねるような絵にしましょう。

すいか

ワニ

できたぞ！　やったぁ！

58 7 この絵は何かな③

なまえ [   ]

絵を描いて，友だちに「これは何かな？」と考えさせるクイズです。すぐにわからず，友だちが頭をひねるような絵にしましょう。

へび

水泳

できたぞ！　やったぁ！

59 7 この絵は何かな④

なまえ [　　　　　　　　　　]

絵を描いて，友だちに「これは何かな？」と考えさせるクイズです。すぐにわからず，友だちが頭をひねるような絵にしましょう。

ブロッコリー

ぞう

できたぞ！　やったぁ！
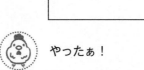

60 ７ この絵は何かな⑤

なまえ[　　　　　　　　　　　　　]

絵を描いて，友だちに「これは何かな？」と考えさせるクイズです。すぐにわからず，友だちが頭をひねるような絵にしましょう。

カエル

ぶどう

できたぞ！　やったぁ！

61　7　この絵は何かな⑥

なまえ [　　　　　　　　　　　]

絵を描いて，友だちに「これは何かな？」と考えさせるクイズです。すぐにわからず，友だちが頭をひねるような絵にしましょう。

海のタコ

ライオン

できたぞ！　　やったぁ！

62 ⑦ この絵は何かな⑦

なまえ [   ]

絵を描いて，友だちに「これは何かな？」と考えさせるクイズです。すぐにわからず，友だちが頭をひねるような絵にしましょう。

くじら

ジャングルジム

できたぞ！　　　やったぁ！

63 ⑦ この絵は何かな⑧

なまえ[　　　　　　　　　　　　　　]

絵を描いて，友だちに「これは何かな？」と考えさせるクイズです。すぐにわからず，友だちが頭をひねるような絵にしましょう。

そうじき

花火

できたぞ！　　やったぁ！

64 7 この絵は何かな⑨

なまえ [   ]

絵を描いて，友だちに「これは何かな？」と考えさせるクイズです。すぐにわからず，友だちが頭をひねるような絵にしましょう。

ひつじ

かに

できたぞ！　やったぁ！

65 ⑦ この絵は何かな⑩

なまえ [   ]

絵を描いて，友だちに「これは何かな？」と考えさせるクイズです。すぐにわからず，友だちが頭をひねるような絵にしましょう。

おふろ

うさぎ

できたぞ！　やったぁ！

66　7　この絵は何かな⑪

なまえ [　　　　　　　　　　　　　　　　　　　]

絵を描いて，友だちに「これは何かな？」と考えさせるクイズです。すぐにわからず，友だちが頭をひねるような絵にしましょう。

ぶた

かぼちゃ

できたぞ！　　　やったぁ！

67　7　この絵は何かな⑫

なまえ [　　　　　　　　　　　　　]

絵を描いて，友だちに「これは何かな？」と考えさせるクイズです。すぐにわからず，友だちが頭をひねるような絵にしましょう。

きりん

バラの花

できたぞ！ やったぁ！

解答&解説

7 この絵は何かな

活動内容 絵を抽象的に描き，相手に何かを当てさせる
ねらい イメージする力，知識の増大，他者視点，絵の特徴を捉える力，描画の力

❉ 育つ力

◎ソーシャルスキルの基礎・応用
・イメージする力
・知識の増大
・他者視点
・絵の特徴を捉える力
・描画の力

❉ 使い方

　与えられたテーマの絵を描き，「これは何でしょう」と相手に絵の名称を当てさせます。

　その際，対象物の特徴を十分に捉えつつ，略画や線画の手法を用いて相手にわかりにくい絵を描くことで，クイズを盛り上げます。

❉ こんな子どもへの手立て

☹ <u>適切な絵をなかなか描けない子</u>
↳まずは，指導者が描いた絵を見て，何の絵かを当てさせる練習を，時間をかけて行います
↳与えられたテーマの絵をイラスト集やインターネットを使って調べ，模写します
↳日常的に絵日記を描くなどして，絵を描く機会を多く設けましょう
　（絵のしりとりなどをして遊んでもよいでしょう）
↳自分が描いた絵のどこが十分でないか（きちんと特徴を捉えているか，あるいは細かく描き過ぎていないか），指導者や友だちからアドバイスを受けます
↳自分のノートを使い，1ページに1テーマごとの絵を描いていきましょう
　（自分だけでなく，指導者や友だちにも描いてもらい，自分だけのイラスト集にするとよいでしょう→「ひまわり」というテーマでいろいろな人が1ページの中に絵を描けば，いろいろなひまわりが集まります）
☺ <u>適切な絵が描けるようになった子</u>
↳例えば動物の絵であれば，全身の絵，正面から見た絵，横から見た絵，毛が十分に描かれた絵など，何種類もの絵を描く練習をさせましょう
↳描いた絵をカードにし，友だちと交換して，絵の当て

っこをするとよいでしょう（この絵は何かな大会）
↳毎日の様子をメモと絵で記録するなど，実生活に描画を多く取り入れていくとよいでしょう

❉ 関連した活動

・絵日記
・絵本作り
・手帳の記録（メモ＋絵）
・かるた作り

❉ 採点のポイント

　絵を描くことへの抵抗感がなくなっているか，テーマに沿った絵をスムーズに描くことができるか，相手が少し考えこむようなわかりにくい絵（略画）を描けるようになっているか，に注意しながら採点します。

❉ 解答（例）

→次ページ

㊺ この絵は何かな①

絵を描いて，友だちに「これは何かな？」と考えさせるクイズです。すぐにわからず，友だちが頭をひねるような絵にしましょう。

いす

ハンバーガー

㊻ この絵は何かな②

絵を描いて，友だちに「これは何かな？」と考えさせるクイズです。すぐにわからず，友だちが頭をひねるような絵にしましょう。

すいか

ワニ

㊼ この絵は何かな③

絵を描いて，友だちに「これは何かな？」と考えさせるクイズです。すぐにわからず，友だちが頭をひねるような絵にしましょう。

へび

水泳

㊽ この絵は何かな④

絵を描いて，友だちに「これは何かな？」と考えさせるクイズです。すぐにわからず，友だちが頭をひねるような絵にしましょう。

ブロッコリー

ぞう

ポイント
日頃から，絵を描く経験を重ねていくとよいでしょう（例えば，1つのテーマを決めて2人組で順番に一筆描きを行い，絵を完成させます。相手を変えれば，さらに違った経験をすることができます）。

この絵は何かな⑤

絵を描いて，友だちに「これは何かな？」と考えさせるクイズです。すぐにわからず，友だちが頭をひねるような絵にしましょう。

カエル

ぶどう

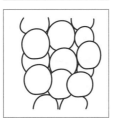

 この絵は何かな⑥

絵を描いて，友だちに「これは何かな？」と考えさせるクイズです。すぐにわからず，友だちが頭をひねるような絵にしましょう。

海のタコ

ライオン

 この絵は何かな⑦

絵を描いて，友だちに「これは何かな？」と考えさせるクイズです。すぐにわからず，友だちが頭をひねるような絵にしましょう。

くじら

ジャングルジム

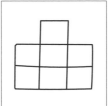

この絵は何かな⑧

絵を描いて，友だちに「これは何かな？」と考えさせるクイズです。すぐにわからず，友だちが頭をひねるような絵にしましょう。

そうじき

花火

ポイント

指導者が与えられたテーマの絵をやや詳しく描き（鉛筆使用），その絵のどの部分を減らせばよいかを考えさせ，子どもに消させていきます（絵の特徴が失われないように，アドバイスをします）。

この絵は何かな⑨

絵を描いて，友だちに「これは何かな？」と考えさせるクイズです。すぐにわからず，友だちが頭をひねるような絵にしましょう。

ひつじ

かに

この絵は何かな⑩

絵を描いて，友だちに「これは何かな？」と考えさせるクイズです。すぐにわからず，友だちが頭をひねるような絵にしましょう。

おふろ

うさぎ

この絵は何かな⑪

絵を描いて，友だちに「これは何かな？」と考えさせるクイズです。すぐにわからず，友だちが頭をひねるような絵にしましょう。

ぶた

かぼちゃ

⑰ この絵は何かな⑫

絵を描いて，友だちに「これは何かな？」と考えさせるクイズです。すぐにわからず，友だちが頭をひねるような絵にしましょう。

きりん

バラの花

ポイント
テーマと結びつきにくい絵を描いたときは，その絵を尊重しつつも，指導者が一部付け加えて，より特徴が明確になるようにしてあげます（どんな場合でも，子どもの絵を否定しないことが大切です）。

68 ⑧ どうして そんな顔？①

なまえ[　　　　　　　　　　　]

◎さとしくんは絵のような顔をしています。いったい何があったのでしょうか？

できたぞ！　やったぁ！

69 ⑧ どうして そんな顔？ ②

なまえ[　　　　　　　　　　　]

◎あかねさんは絵のような顔をしています。いったい何があったのでしょうか？

できたぞ！　やったぁ！

70 ⑧ どうして そんな顔？③

なまえ[　　　　　　　　　　　]

◎ともきくんは絵のような顔をしています。いったい何があったのでしょうか？

できたぞ！　　やったぁ！

71 ⑧ どうして そんな顔？④

なまえ[　　　　　　　　　　　]

◎みどりさんは絵のような顔をしています。いったい何があったのでしょうか？

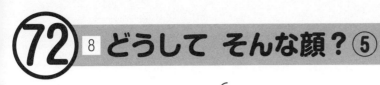

◎こうたくんは絵のような顔をしています。いったい何があったのでしょうか？

73 ⑧ どうして そんな顔？⑥

なまえ [　　　　　　　　　　　]

◎ひろみさんは絵のような顔をしています。いったい何があったのでしょうか？

74　8 どうして そんな顔？⑦

なまえ [　　　　　　　　　　]

◎じろうくんは絵のような顔をしています。いったい何があったのでしょうか？

できたぞ！　やったぁ！

なまえ [　　　　　　　　　　]

◎あきなさんは絵のような顔をしています。いったい何があったのでしょうか？

76 ⑧ どうして そんな顔？⑨

なまえ [　　　　　　　　　　　]

◎なおきくんは絵のような顔をしています。いったい何があったのでしょうか？

できたぞ！　やったぁ！

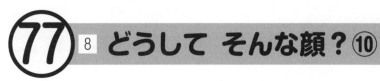

なまえ [　　　　　　　　　　　]

◎かおるさんは絵のような顔をしています。いったい何があったのでしょうか？

解答 & 解説

8 どうして そんな顔

活動内容 顔の絵を見て，表情を読み取り説明する
ねらい 表情の理解，イメージする力，対人意識，国語力（作文力）

❋ 育つ力

◎ソーシャルスキルの基礎・応用
・表情の理解
・イメージする力
・対人意識
・国語力（作文力）

❋ 使い方

　顔の絵を見ながら，なぜそのような表情をしているのかを自分なりに考え，理由を文章で説明します。
　架空の話を作成することは難しいため，自分自身の経験に基づいた内容になるよう，アドバイスします。

❋ こんな子どもへの手立て

☹適切に文章表現をすることが難しい子
↪絵を見て，どんなときにそのような表情をするか，について皆で話し合いましょう
↪指導者と一緒に解答を読み，他にもそのような表情をするのはどのような場面か，について話し合います
↪いろいろな感情表現について，絵と文字のカードを作成し，理解させましょう
（例）「楽しい」「うれしい」「喜び」「満足」「とくいげ」「照れる」「悲しい」「ショック」「ドキドキ」「うらやましい」「苦しい」「がっかり」「怒る」「しっとする」「イライラ」「くやしい」「緊張する」「憎い」「怖い」「恥ずかしい」「あせる」「とまどう」など
↪指導者同士が，感情表現豊かな劇を演じて見せましょう（キーワードになることばを強調します）
↪絵本や漫画に出てくる顔の表情を見ながら，そのときの登場人物はどういう気持ちなのか，について話し合います
↪自分で，いろいろな顔の表情を描きながら，気持ちの理解を深めます
※『＜特別支援教育＞学びと育ちのサポートワーク5 ソーシャルスキル「柔軟性」アップ編』（明治図書，加藤博之著）の「9．顔の表情」（p90～95）参照

☹文章が短くなってしまう子
↪絵を見ながら，キーワードとなることばを考えさせ，それを基に文章を作成させます
（例）「うれしい」「サッカー」「ゴール」「ハイタッチ」
「この前のサッカーの試合で，ぼくは長い距離をドリブルして相手を突破し，見事ゴールを決めることができ，すぐに仲間がハイタッチをしてくれてうれしかった」

☺適切に文章を作成できる子
↪他にもいくつか文章を作ってみましょう
（1つの絵からいろいろな内容が考えられるようになることを目指します）
↪顔の表情に吹き出しを付けた漫画を作成します
↪「うれしい」「悲しい」などの表情は，どんなときに起こりやすいのか皆で話し合いを持ち，その内容をノートなどにまとめさせましょう

❋ 関連した活動

・読書（物語や小説など，感情表現が多く含まれたもの）
・漫画（保護者が子どもにふさわしい漫画を選ぶ）
・劇遊び
・自作の物語，漫画

❋ 採点のポイント

　表情についての理解が深まっているか，いろいろな表情がどのようなときに起きるのかを考えているか，表情から相手の気持ちを読み取ることができるか，日常場面で表情豊かに振る舞うことができているか，に注意しながら採点します。

❋ 解答（例）

→次ページ

どうして そんな顔①

◎さとしくんは絵のような顔をしています。いったい何があったのでしょうか？

国語の時間にがんばって発表をしたら，みんながはく手をしてくれた。先生も「じょうずに発表できたね」とほめてくれて，ぼくはとてもうれしかった。

 どうして そんな顔②

◎あかねさんは絵のような顔をしています。いったい何があったのでしょうか？

お父さんの仕事のつごうで大阪にひっこしすることになった。仲良しの友だちと別れることになり，私はとてもかなしかった。

 どうして そんな顔③

◎ともきくんは絵のような顔をしています。いったい何があったのでしょうか？

下校のとき，交差点の信号をわたろうとしていたら，たけしくんにいきなり「おーい」と声をかけられ，ぼくはものすごくびっくりした。

 どうして そんな顔④

◎みどりさんは絵のような顔をしています。いったい何があったのでしょうか？

先生が黒板に書いた大事なことを一生けん命ノートに写していたとき，後ろの子がわざとくすぐってきたので，私はおこって「やめて」と言った。

ポイント

顔の絵の見方として，まずは目とまゆげ，次に口に注目させるとよいでしょう（表情の読み取り方のコツを教えていきます）。

⑫ どうして そんな顔⑤

◎こうたくんは絵のような顔をしています。いったい何があったのでしょうか？

きのうの夜は，大好きなサッカーチームの応えんにスタジアムに行ったので帰りがおそくなった。そのため寝不足で，今日は朝からとてもねむい。

⑬ どうして そんな顔⑥

◎ひろみさんは絵のような顔をしています。いったい何があったのでしょうか？

あそこの遊園地のおばけ屋しきは本当にこわくて，暗やみから次々におばけが出てくるのよ。1人ではとうてい歩くことはできないわ。

⑭ どうして そんな顔⑦

◎じろうくんは絵のような顔をしています。いったい何があったのでしょうか？

友だちの家でケーキをいただいた。いっしょに出てきたこう茶にはレモンがついていて，こう茶に入れて飲んでみると，すっぱさが一気に口の中に広がった。

⑮ どうして そんな顔⑧

◎あきなさんは絵のような顔をしています。いったい何があったのでしょうか？

今日はそろばん教室があるのに，学校の帰りに友だちと遊んでしまった。私は，急いで帰って，準備をしなければとあせった。

ポイント

「うれしい」「満足」「照れる」や「苦しい」「イライラ」「がっかり」など，似たカテゴリーのものは，あまり細かく区別せず，子どもの見方を尊重していきましょう（明らかに違う場面のみ指摘します）。

どうして そんな顔⑨

◎なおきくんは絵のような顔をしています。いったい何があったのでしょうか？

一生けん命練習して，マラソン大会にのぞんだけれど，去年よりも順位が下がってしまい，ぼくはとてもくやしい思いをした。

どうして そんな顔⑩

◎かおるさんは絵のような顔をしています。いったい何があったのでしょうか？

前からきた女の人が，私の方を向いてニコニコしながらあいさつをしたので，私も笑顔でおじぎをしたら，私の後ろの人があいさつをしていた。はずかしくて，私はさっとその場を立ち去った。

ポイント

問題文の他にも，日常的によく目にする表情についての絵を，顔の形の中に描きこんでみましょう（「うらやましい」「照れる」「ショック」「緊張する」「くやしい」「とくいげ」「イライラ」など）。

78 ⑨ こんなことできたらいいな①

なまえ[   ]

1．もしも，宝くじにあたったら

2．もしも，寝ているときに好きな夢が見られたら

できたぞ！　　やったぁ！

79 ⑨ こんなことできたらいいな②

なまえ [   ]

1. もしも，魔法が使えたら

2. もしも，車が運転できたら

できたぞ！　やったぁ！

118

80 ⑨ こんなことできたらいいな③

なまえ [　　　　　　　　　　　]

1．もしも，タイムマシンがあったら

2．もしも，異性に生まれ変わったら
（男女が入れ替わったら）

できたぞ！　やったぁ！

⑧① ⑨ こんなことできたらいいな④

なまえ [　　　　　　　　　　　　　　　]

1．もしも，クジラになったら

2．もしも，大空を飛ぶ鳥になったら

できたぞ！　　　やったぁ！

82 ⑨ こんなことできたらいいな⑤

なまえ [   ]

1．もしも，発明家になったら

2．もしも，宇宙人に出あったら

できたぞ！　　　やったぁ！

121

83　9 こんなことできたらいいな⑥

なまえ [　　　　　　　　　　　　　　　]

１．もしも，ジャングルの探検隊に参加したら

２．もしも，漫画家になったら

できたぞ！　やったぁ！

84 9 こんなことできたらいいな⑦

なまえ [   ]

1．もしも,大事にしているぬいぐるみがしゃべったら

2．もしも，1つだけ願い事がかなったら

できたぞ！　　やったぁ！

85 ⑨ こんなことできたらいいな⑧

なまえ [　　　　　　　　　　　　　　　]

1. もしも，ダンスがじょうずに踊れたら

2. もしも，カレーに何でも好きな材料を入れられたら

できたぞ！　やったぁ！

解答＆解説

9 こんなことできたら いいな

活動内容	「もしも～」の文を読んで，架空の話を考える
ねらい	自己洞察，イメージする力，自分の意見を言う力，国語力（作文力）

❋ 育つ力

◎ソーシャルスキルの基礎・応用

・自己洞察

・イメージする力

・自分の意見を言う力

・国語力（作文力）

❋ 使い方

　「もしも～」の文章を読み，自分のやりたいことを考え，文章で表現します。

　実際にはできそうもないことでも，「こんなことができたらいいな」という気持ちでイメージし，夢を語っていくという創造活動となっています。

❋ こんな子どもへの手立て

⊗適切な内容が思い浮かばない子

↳興味の範囲を広げ，経験を増やしていきましょう

　（例えば，どこかに出かけたら出かけっぱなしにせず，行った場所や経験したこと，感じたことを家族で話し合ったり，記録したりしましょう）

↳解答を何度も読み，あるいは指導者や友だちの考えを聞くなどして，どのような内容を書けばよいか，について考える時間を設けていきます

↳本人の興味のある分野の質問を提供し，指導者と一緒に解答を考えましょう

（例）電車が好きな子の場合

　「もしも，好きな電車に乗れるとしたら」

　「もしも，○○鉄道の運転手になったら」

　「もしも，新幹線で好きなところに行けるとしたら」

↳指導者が例文を作成し，一部穴埋めにして，子どもに好きなことばを入れさせます

（例）「もしも，何でも食べられる食事券をもらったら」

　「（　　　）のお店に家族皆で食べに行く」

　「もしも，好きな場所にドライブできたら」

　「（　　　）へ行き，帰りに（　　　）に寄ってきたい」

　「もしも，1日が30時間あったら」

　「（　　　）に行き，写真をたくさん撮りたい」

☺文章表現が上手にできるようになった子

↳なぜ，そのような答えを書いたのか，その理由を考えさせ文章化させましょう

　（例）「もしも，寝ているときに好きな夢が見られたら」

　　【答え】「仲良しの友だちと，時間を気にせず，思いっきり遊んでいる夢を見たい」

　　【理由】「仲良しのAさんとは，この前のケンカ以来，ほとんど口を聞いていないので，『ごめんね』と謝って遊びたいから」

↳それぞれが考えた「もしも～」の例の出し合いをしましょう

↳自分の夢を考えさせましょう

　（1年後，中学生になったら，高校生になったら，大人になったら，結婚したら，など）

❋ 関連した活動

・作文（将来の夢）

・物語作り

・漫画作り

❋ 採点のポイント

　いろいろな「もしも～」にスムーズに答えられるようになっているか，架空の話の中に自分の気持ちや考えを取り入れることができるか，相手とのやりとりの中で活動を楽しめているか，に注意しながら採点します。

❋ 解答（例）

→次ページ

125

こんなことできたらいいな①

1. もしも，宝くじにあたったら

家族みんなで，いろいろなところに旅行に行って，その土地のおいしいものを食べたい。

2. もしも，寝ているときに好きな夢が見られたら

仲良しの友だちと，時間を気にせず，思いっきり遊んでいる夢を見たい。

⑲ **こんなことできたらいいな②**

1. もしも，魔法が使えたら

病気やケガをした人たちを，どこへでも行ってすぐに治してあげたい。

2. もしも，車が運転できたら

日光のいろは坂に行き，カーブに書いてあるいろはかるたを1つずつ見ながら，のんびりと車を運転したい。

 こんなことできたらいいな③

1. もしも，タイムマシンがあったら

大人になったぼくや友だちをのぞいてみたい。また，赤ちゃんに戻って，お母さんにたくさん甘えたい。

2. もしも，異性に生まれ変わったら
   （男女が入れ替わったら）

女の子になって，全身をおしゃれにして，たくさんの友だちと一緒におしゃべりをしながら原宿を歩いてみたい。

 こんなことできたらいいな④

1. もしも，クジラになったら

太平洋の真ん中を思う存分泳ぎ回り，ときどき客船を見つけたら，あいさつ代わりに空高く潮吹きをしたい。

2. もしも，大空を飛ぶ鳥になったら

遠くの町まで飛んで行って，その土地の人たちといろいろ交流をしてみたい。

ポイント

「もしも～」の意味理解を定着させるために，日常会話の中に積極的に取り入れていくとよいでしょう（例えば，「もしも，時間が余ったらどうする？」「もしも，お父さんが休みをとれたらどうする？」など）。

こんなことできたらいいな⑤

1．もしも，発明家になったら

> 難病を治療する薬をたくさん作って，病気で苦しんでいる子どもたちの命を1人でも多く救ってあげたい。

2．もしも，宇宙人に出あったら

> 身振りや手振り，声，顔の表情などを使って，何とかお互いが仲良くなれるよう，がんばってみたい。

83 こんなことできたらいいな⑥

1．もしも，ジャングルの探検隊に参加したら

> 探検隊の隊長になって，隊員の身を守りながら，新種の動物や鳥，魚をたくさん発見したい。

2．もしも，漫画家になったら

> 友だちみんなに面白いストーリーをたくさん考えてもらい，それをもとにユニークなキャラクターを作って，次々に漫画を完成させていきたい。

 こんなことできたらいいな⑦

1．もしも，大事にしているぬいぐるみがしゃべったら

> ぬいぐるみに悩みを相談したり，楽しかったことを報告したりして，たくさん話したい。

2．もしも，1つだけ願い事がかなったら

> 去年亡くなったおじいちゃんと会って，もう一度だけ，いろいろな話をしてみたい。

85 こんなことできたらいいな⑧

1．もしも，ダンスがじょうずに踊れたら

> 世界中を旅行して，あちこちの街の広場で踊っている人と一緒にダンスをして，たくさんの友だちを作りたい。

2．もしも，カレーに何でも好きな材料を入れられたら

> いつも入れている肉やじゃがいも，にんじん，玉ねぎの他に，なすやかぼちゃ，ゴーヤ，ほうれん草を入れて，じっくり煮込んで食べてみたい。

ポイント

文章が短くなるときは，話し合いによって膨らませていきます（例えば，「もしも，クジラになったら」で「海を泳ぎたい」とだけ答えたら，「どこの海？」「泳いでいる最中にしたいことはある？」などと質問し，その答えを取り入れていきます）。

【著者紹介】
加藤　博之（かとう・ひろゆき）

筑波大学大学院教育研究科修了。埼玉県内の小学校・特別支援学校及び昭和音楽大学の専任教員を経て，現在，発達支援教室ビリーブ代表。文教大学非常勤講師。学校心理士。ガイダンスカウンセラー。認定音楽療法士。

[著書]『障害児の音楽表現を育てる』『音楽の授業における楽しさの仕組み』（共著，日本学校音楽教育実践学会編，音楽之友社），『子どもの豊かな世界と音楽療法』『子どもの世界をよみとく音楽療法』『発達の遅れと育ちサポートプログラム』『学びと育ちのサポートワーク1　文字への準備・チャレンジ編』『学びと育ちのサポートワーク2　かずへの準備・チャレンジ編』『学びと育ちのサポートワーク3　国語「書く力，考える力」の基礎力アップ編』『学びと育ちのサポートワーク4　算数「操作して，解く力」の基礎力アップ編』『学びと育ちのサポートワーク5　ソーシャルスキル「柔軟性」アップ編』『学びと育ちのサポートワーク6　国語「書く力，伝える力」の実力アップ編』『学びと育ちのサポートワーク7　算数「生活に役立つ力」の実力アップ編』（加藤博之著，いずれも明治図書出版），『音楽療法士になろう！』『障がい児の子育てサポート法』（加藤博之・藤江美香著，青弓社）など。

《発達支援教室ビリーブ（株式会社ビリーブ）》
住所：埼玉県北足立郡伊奈町学園2丁目73番地
TEL&FAX　048－674－6610
E-mail　　info@believe-kids.com
HP　　　　http://www.believe-kids.com

〔表紙デザイン・本文イラスト〕まつだみやこ

＜特別支援教育＞学びと育ちのサポートワーク　8
ソーシャルスキル「イメージ力」アップ編

2019年8月初版第1刷刊　Ⓒ著　者	加　藤　博　之
2021年9月初版第2刷刊　　発行者	藤　原　光　政

発行所　明治図書出版株式会社
　　　　http://www.meijitosho.co.jp
　　　　（企画）佐藤智恵　（校正）粟飯原淳美
〒114-0023　東京都北区滝野川7-46-1
振替00160-5-151318　電話03(5907)6703
ご注文窓口　電話03(5907)6668

＊検印省略　　組版所　中　央　美　版

本書の無断コピーは，著作権・出版権にふれます。ご注意ください。
教材部分は，学校の授業過程での使用に限り，複製することができます。

Printed in Japan　　　　ISBN978-4-18-326416-9
もれなくクーポンがもらえる！読者アンケートはこちらから　→